聖地・高野山で教えてもらった

もっと!

神仏のご縁を もらうコツ

Sakurai Shikiko
桜井識子

KADOKAWA

口絵
高野山 中心地

1

高野山の結界内に入る高野七口《ななくち》の一つ不動坂口（現在は一心《いっしん》口となっています）。

金堂（写真左）と根本大塔（右）は、壇上伽藍のシンボル的存在。

2

3

5

仏の心と知恵を導き開く「結縁灌頂」終了後にいただいたもの。

4

壇上伽藍中門にいらっしゃる増長天。胸元のトンボがアクセント。

6

人けのない早朝の奥之院は、特に神秘的な雰囲気に包まれます。

8

武田信玄(左)、勝頼(右)の墓所。勝頼公のお話は本書174ページに。

井戸を覗き込んで自分の姿が映らないと3年以内に死んでしまうとか。

7

お地蔵様がずら〜と並ぶ、御廟橋の手前の水向地蔵。観音様やお不動さんもいます。

9

口絵

奥之院〜参道

10

忠誠心が厚い家臣たちが
守る伊達政宗供養塔。

11

他とは異なり一段高
いところにある豊臣
家の墓所(写真上)。
私がいいな〜と思っ
たお墓。墓石にお地
蔵様が立体的に彫ら
れています(下)。

12

中の橋と御廟橋の中間地
点にあるご神木は隠れた
パワースポットです。

13

高野山の縁起物、宝
来(写真右)と金剛鈴
(左)。

1

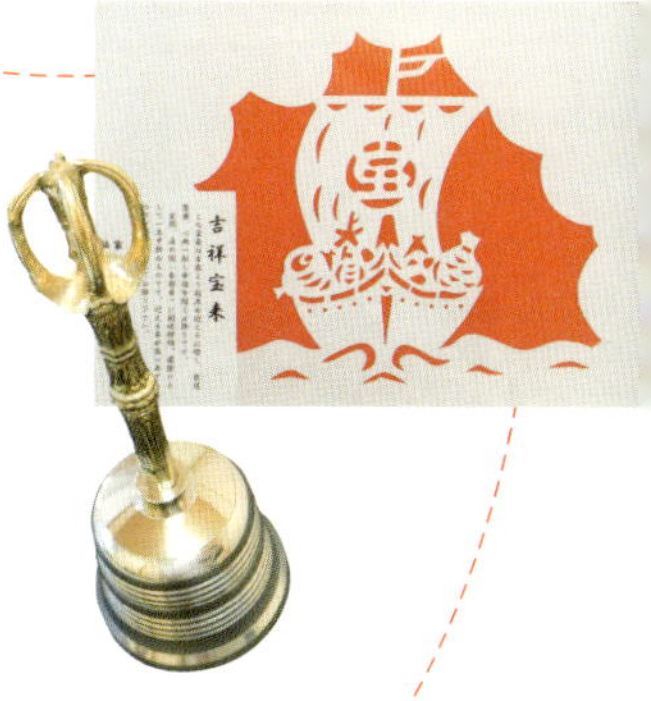

口絵

高野山の神様たち

15

荘厳な白木造りの社殿が印象的な荒神社。

16

丹生都比売神社には、大きな太鼓橋を渡ってうかがいます。

高野山でもっとも空海さんとつながれる弁天岳。お社に向かって左側にある写真の大木の前に立つのがおすすめです。

18

17

社殿の空間に大きなキツネ姿の神様がいらっしゃる清高稲荷大明神。

まえがき

この本を手に取っていただきありがとうございます。

まず先にお断りしておきたいのは、本書は空海さんや高野山について書いておりますが、私は僧侶でも宗教学者でもありません。

仏教の観点から空海さんを知りたい、お大師様という仏様を仏教とともに学びたい、歴史的に空海さんを勉強したいという方は、この本では満足できないと思います。

しかし、空海さんという仏様の本当のお人柄（表現に少し違和感がありますが、あえてこう言わせていただきます）、空海さんの教え（人間だった時のものではなく、仏様になられてからの教えです）を知りたいと思われる方には、読んで良かったと満足していただけるのではないでしょうか。

本書は私が、見て、聞いて、感じた空海さんをそのまま書いています。

私は若い頃、仏教にほとんど関心がありませんでした。仏様の違いなどもわからず、お寺に足を運ぶ楽しさ、そこにある喜びや恩恵なども知りませんでした。神社ばかりを参拝していました。

年齢を重ねるにつれてお寺にもぼちぼち出かけるようになり、多くのお寺を参拝することでお寺の良さに気づき始めました。仏様の声も耳に届くようになって、仏の世界が見えるようになると、「今までこのご加護を自分から捨てていたのだな」と思いました。もったいないことをしていたと思います。

もしかしたら、今この本を手に取って下さっている方の中にも、食わず嫌いでお寺にはあまり行かないという方がいらっしゃるかもしれません。そのような方に、とくに親しみやすい仏様である空海さんを知っていただけたら、と思ってこの本を書きました。

空海さんに教えをいただくようになってから、仏教が「なんだか取っつきにくい難しいもの」から「大変ありがたいもの」へと変わりました。仏様にも性格と言いますか、性質があって、特に空海さんはおそばにいると楽しいです。冗談も言いますし、私たち人間をからかってガハガハ笑ったりもします。でも仏様ですから、きっちり正しい道を示して下さり、真理も説いて下さいます。たまに厳しい時もあったりします。

人を惹きつける魅力をこれ以上ないというくらいお持ちの空海さんなのですが、残念ながら世間ではそのような仏様であることが知られていないように思います。空海さんと交わした会話やお言葉などを通して、本来の空海さんを感じていただければと思います。

高野山に行かれる時に、ガイドブックとしても使ってもらえるよう高野山の情報も盛り込んでいます。とっておきの見どころや、高野山で体験できること、パワースポット、宿坊、お土産、どこで空海さんと繋がりやすいかなどもご案内しています。一般のガイド本よりも、一歩も二歩も踏み込んだ情報です。

空海さんにいただいたありがたい教えや、高野山で体験した不思議な出来事もしっかり本の中でお伝えしていますので、高野山に行く予定がない方でも十分楽しめる一冊となっています。

空海さんと神様の関係についての部分は、興味を持って読んでいただけると思いますし、ペットのお話で安心される方も少なくないのではないでしょうか。

高野山に行かなければ空海さんにご縁はもらえないの？　と思われている方もご心配にはおよびません。ご縁をいただける方法を本書でご紹介しています。

空海さんを知りたいけど難しい本はちょっと……と思われる方、「宗教は苦手なんです」とおっしゃる方、お寺（仏教）は神社に比べてなんとなく暗くて……と思われている方に、是非読んでいただきたい内容となっています。

こちらが心を開いて受け入れる準備を整えれば、仏様はいつでも手を差し伸べて下さいます。仏教徒かどうか、仏教に詳しいかどうかで差別はなさいません。平等に慈愛を降り注いで下さる、それが仏様です。

僧侶でもなんでもない私が僭越《せんえつ》かとは思いますが、この本を読んでありがたい仏様のことを一人でも多くの人に知っていただけたらと、そのような思いを込めて書きました。この本が読者の方と空海さんの橋渡しになりますように、と心から祈念致します。

桜井識子

第1章

空海さんという仏様

第2章

高野山の聖地　奥之院

聖地・高野山で教えてもらった

もっと！神仏のご縁をもらうコツ

CONTENTS

第3章 高野山を体験する

第4章 空海さんと神様

第5章 高野山を楽しむ

第6章 一の橋から奥之院への参道

第7章 空海さんに聞いた見えない世界の真実

宿坊などの情報は著者が宿泊した当時のものです。状況が変わっている可能性もございますので、ご利用の場合は事前にご確認ください。

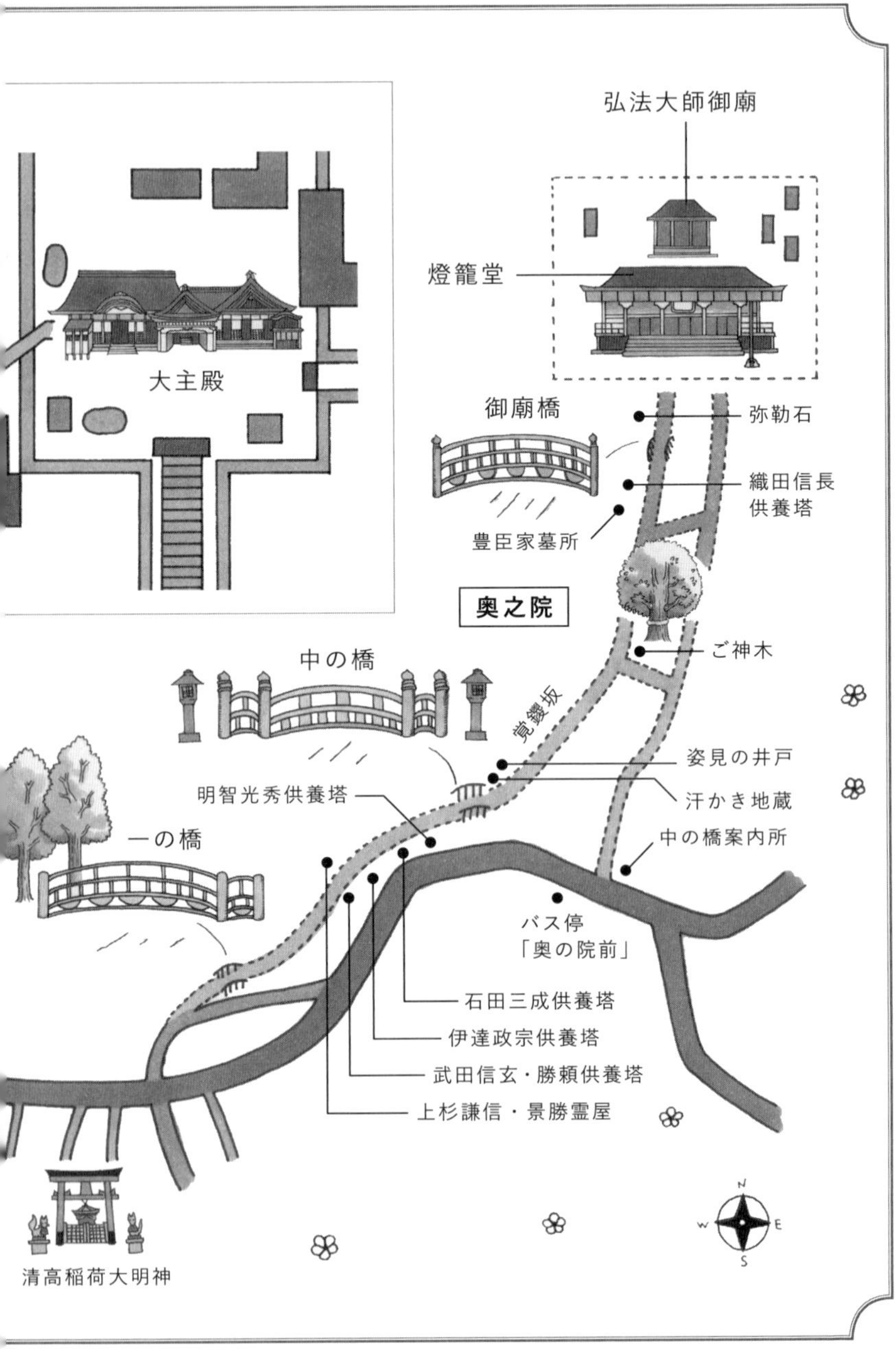

大主殿
弘法大師御廟
燈籠堂
御廟橋
弥勒石
織田信長
供養塔
豊臣家墓所
奥之院
ご神木
中の橋
覚鑁坂
姿見の井戸
汗かき地蔵
明智光秀供養塔
中の橋案内所
一の橋
バス停
「奥の院前」
石田三成供養塔
伊達政宗供養塔
武田信玄・勝頼供養塔
上杉謙信・景勝霊屋
清高稲荷大明神
N
W
E
S

高野山MAP

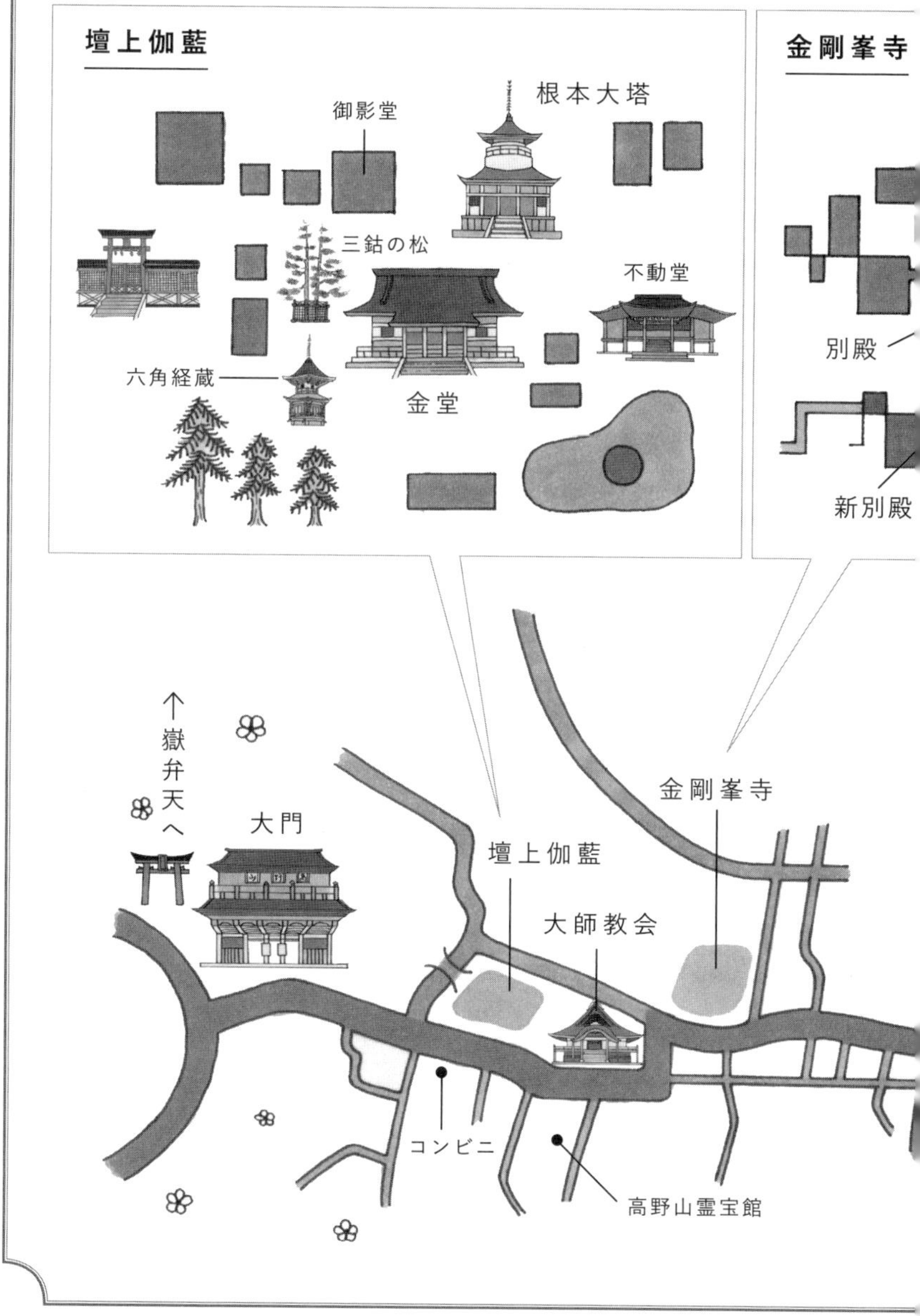

〔嶽弁天への行き方〕大門の横に鳥居があり、そこをくぐると嶽弁天への登山道になっています。

第 1 章

空海さんという仏様

仏様になった歴史上の人物 空海さん

弘法大師空海さんとは

大変有名な空海さんですが、まずはここからざっと説明をさせていただきます。

空海さんは平安時代初期の僧侶で、弘法大師の諡号《しごう》で広く知られています。仏教の「真言宗」という宗派の開祖です。唐に渡って密教を学び、密教の奥義を極めて帰国したのち、日本で真言密教を確立しました。修禅（座禅や観法を修めること）の道場として高野山に金剛峯寺《こんごうぶじ》を建立しています。さらに、「弘法筆を選ばず」という諺があるように、能書家としても知られています。

唐から密教を持ち帰って、一つの宗派を作った僧侶……と、簡単に言えばそれが空海さんです。歴史上の人物としてはこのように捉えられていると思います。

しかし、その空海さんに、日本全国から多くの人が会いに行くわけです。それは空海さんがただの歴史上の人物ではなく信仰の対象となっているからで、空海さんの信者……もっとカジュアルに言い換えると「空海さんファン」が大勢います。

空海さんファンは真言宗の宗徒ではない人も多く、宗派とか宗教とかややこしい問題を超えた、空海さん自身に帰依する「空海さん信仰」がそこにあります。


空海さんは歴史上の一僧侶だったのに、どうしてそこまでファンが多いのでしょうか？実は空海さんには、「お大師様は今も生きて瞑想をされている、私たちを救って下さっている」という信仰があります。「入定信仰」と言います。

空海さんは入定してから86年後に弘法大師の諡号を賜りました。そのことを観賢《かんげん》というお坊さんとその弟子が報告に行っています。高野山の奥之院にある廟窟を開くと、髪や髭が伸びて衣もボロボロになった空海さんが、そこで静かに瞑想をしていたそうです。お坊さん方は空海さんの髪と髭を剃り、衣を替えて差し上げた、となっています。この入定信仰は藤原道長が高野山を訪れてから急速に広がったということです。しかし、これだけで空海さんへの信仰が高まり、今日まで持続しているわけではないように思います。

仏様になられた空海さんは、本当にあちらの世界から人々を救うためにせっせとお仕事をされています。高野山に行って、空海さんに救ってもらった、助けてもらった、恩恵をいただいた、という人はいにしえから今日まで数多くいるはずです。四国八十八ヶ所霊場を巡るお遍路さんも同じです。年月を重ねれば重ねるほど、その人数は増えていきます。

その「実際に救われた」人々が、お大師様はすごい、お大師様はありがたい、とあちこちで語り、それが口コミで広がり伝わったように思います。入定信仰があるから空海さんファンが増えたとは考えにくく、本当にごりやくがあるからとしか考えられません。

空海さんという仏様は長年にわたって、コツコツと一人ひとりを救ってこられました。その地道な仏様のお仕事が実を結び、今日の空海さん信仰になっているのだろうと思います。

これまでに書いてきた空海さんのお話

空海さんは長い間、私の中では歴史上の人物でした。「唐に渡り、その後日本に仏教を広めた人」程度の知識しかありませんでした。特別な興味もなかったのですが、元夫（諸事情で離婚した2番目の夫です。人生のパートナーとして今でも仲良くしており、著書やブログにも時々登場しています）と観光で高野山を訪れてその心地良さやパワーに魅了されました。

それから時々行っては、山の中の女人道を歩いてみたり、宿坊に泊まったりしていました。いつ訪れても魂が磨かれる、癒される、という感覚があって、それは〝高野山〟という聖地が持つ力だと思っていました。ですから、その頃もまだ空海さんは依然として歴史上の人物であり、ありがたいお大師様ではありますが、私にとっては実感のない信仰の対象という感じでした。


そんなある日のことです。私は比叡山の山中を一人で歩いていました。比叡山もこれまた素晴らしい場所でそのエネルギーに感動しつつ、ふと、「ここで最澄さんを呼んだら来てくれるかな？」と考えました。軽〜い気持ちでそう思ったのです。

亡くなった人を呼ぶのは難しいので、来てはくれないだろうと思いつつも、もしも仏様（ご先祖様とかではなく、菩薩《ぼさつ》とか如来とかそのような仏様という意味です）になっていたら来てくれるかもしれない、という淡い期待がありました。

最澄さんはすぐに来てくれて気さくにお話をして下さり、お弟子さんを一名私につけてくれました。

それから少しして高野山を歩いて登った時に、最澄さんが仏様になっているのなら空海さんもなっているに違いない、と考え、呼んでみたところ……空海さんが出て来てくれたのです。それからは空海さんゆかりの山やお寺などで、時々お会いしていろんなお話を聞かせてもらい、教えをいただいています。

空海さんは仏様になっておられますが、生前の性格を残しているのか、明るく豪快で、冗談も言うし、ガハガハとよく笑います。とっても陽気です。そばにいると楽しくて元気になります。「この方に、一生ついていきたい！」と思わせる強い魅力があります。

私が書いたものに詳しい方はご存じだと思いますが、これまでの本やブログで空海さんのことをいろいろと書いてきました。私の本を初めてお読みになる方のためにちょっとだけその内容を説明します。

『ひっそりとスピリチュアルしています』という本では、恋人の裏切りで心がボロボロになり、仕事も辞めて、引きこもりになってしまった男性のお話を書いています。彼は死ぬことまで考えたというくらい傷ついていました。

たまたま見ていたテレビでお遍路さんを知った彼は、四国八十八ヶ所を歩いてまわりました。その旅で不思議な出来事や心あたたまる出来事にたくさん遭遇したそうです。彼はそれまで神仏や霊など見えない世界のことをまったく信じていなかったと言っていました。それが自分の体験を通して、「空海さんだけは信じられる」と考えが変わったそうです。こうして暗闇にいたところを空海さんに救われて、元気を取り戻した、という元同僚のお話を書いています。

『神社仏閣 パワースポットで神さまとコンタクトしてきました』という本では、四国八十八ヶ所を巡る旅でいただける、空海さんの恩恵について書いています。電子機器を故障させて、私を「魔」から救ってくれた顛末《てんまつ》も載せていますし、空海さんとの最初の会話などもここに書かせてもらいました。

また、宮島の弥山《みせん》を登山した時に聞いた、人間の肉体に付属している低い感情のお話や、うっかり私に未来を教えてくれた楽しいお話も書きました。

ブログには、「恋人に裏切られて引きこもっていた元同僚のことを書きました」と空海さんに報告した時のことも載せています。道がわかりにくい槙尾山（大阪府和泉市）の登山中に空海さんが道案内をしてくれて、その時に報告をしたのです。

「まっつん（仮名です）のことを書いたら評判が良かったです」と言うと、空海さんは、「まっつん？」と聞き返し、私の前方にポスターくらいの大きさで彼の姿を映し出し、見せてくれました。「そうそう！　この人です！」と言いながら、そうだった、彼は髪の毛が天然パーマだった〜、と完全に忘れていた彼の特徴や顔をその映像で思い出しました。神仏は、自分を参拝しに来た人を一人残らず覚えていますが（これはどれだけ時間が経っても、です）、空海さんはそれに加えて、四国のお遍路さん一人ひとりまでしっかり覚えているのでした。

元同僚はお遍路を始めた頃、まだ自分の内側に引きこもって心を閉ざし、暗闇の中にいました。だんだんまわりが見えるようになっていき、そこから徐々に彼の魂が明るく光っていきました。それと同時に少しずつ霧がはれるように周囲の暗闇が消えて、それによってさらにまわりが広く見える……という彼の立ち直る過程を見せてもらったのです。

これは空海さんが無理やり彼に何かを作用させて救ったのではなく、本人自らが「本来の自分」を取り戻せるように手助けをしたそうです。

あぁ、深いなぁ、と感動しました。仏様が人間に対して持っている、親が子供を慈しむような、そんな大きくて優しい慈愛を見せてもらった一例です。

四国八十八ヶ所巡りは、「お大師様が一緒にまわって下さる（同行《どうぎょう》二人《ににん》）」ということになっています。あれは宗教的な惹句ではなく本当だったのだ、と私は空海さんとじかにお話をして知りました。神仏とはなんとありがたいものか……としみじみ思った一件です。たとえ神仏を信じていない人でも、心が傷ついた人は放っておかない、自分を頼ってきた人はあたたかく受け入れて救う……そんな空海さんのありがたさがわかるエピソードです。

空海さんのお人柄

空海さんがアニメで描かれているポストカードを、去年の夏、読者の方にいただきました。その方は私の本を読んで宮島の弥山に興味を持たれ、山頂まで登ってそこで購入されたそうです。

そのポストカードの空海さんはスラッとしたイケメンで、とてもかっこよく描かれていました。見た瞬間「おぉ〜」と感嘆の声をあげてしまうくらいハンサムです。いつか空海さんにお見せしたい、と思った私は、次に高野山を訪れる時に持参しなければ、と思っていました。

この本を書くにあたって、高野山に取材に行きました。今、皆様が読みながら想像されている通り……ポストカードを持って行くのをコロッと忘れてしまいました（相変わらず抜けています……ううう）。しかし、パソコンのそばに長い間飾っていたため、絵柄はしっかりと頭の中に入っています。

高野山でのとっておきの場所、嶽弁天《だけべんてん》さんの境内（後半で詳しく書きます）で、空海さんにいろいろとお話を聞いていて、そうだ！　ポストカードを見せねば！　と思い出しました。現物を忘れたため、私の記憶を頼りに絵を頭の中に再現しました。

空海さんはその絵をじーっと見て、

「この顔は……ワシの半分の大きさだな」と言います。

「え？　半分？　いやいや、3分の1じゃないでしょうか？」と返すと、空海さんは大爆笑していました。やったぁ、仏様にウケた〜、とすごく嬉しかったです。

「三角の顔だな」と、空海さんは珍しがっていました（イラストの空海さんは、今流行りの逆三角形顔なのです）。〝昔は〟顎のあたりがしゅーっと細い顔は凶相だったそうですが、1200年も前の話ですから、今とは価値観や美醜の感覚などいろいろと違うのだと思います。

「現代は小顔は憧れの的で、できれば私も小顔になりたい、とこの年齢でも思うくらいなんです」

そう説明すると空海さんは、「ホー」と言いつつ、私の頭の中に描かれたイラストを見ていました。そしてさらに質問をしてきました。

「この棒はなんだ？」

ポストカードに描かれた空海さんは棒を握っています。家に帰って確認したら、それは錫杖《しゃくじょう》（頭部に金属の輪っかがついている仏具の杖）でした。顔のほうは本人と全然違うということもあり、印象が強くてしっかり覚えていたのですが、持ち物となるとあやふやです。というか、そこまでしっかり見ていませんでした。

パッと見た時に、魔法使いが持つ杖なんだろうな〜、と思ったのです。そのままそう思い込んでいました。西洋の白くて長〜いヒゲをはやした魔法使いのおじいさんが持っている、杖のてっぺんがぷっくりと膨らんだような、魔法の杖です。

いやいや、識子さん、冷静に考えたらわかりますよね？　空海さんが、西洋の魔法使いのおじいさんが持つ杖を持っているはずがないじゃないですか〜、とツッコまれそうですが……ちょっと言い訳をさせて下さい〜。

イラストの空海さんは錫杖を横一文字に片手で掲げていると言うか、それで術をかけているようなポーズをしています。ですから、手にしているのは何か術をかけることができる魔法の杖、と勝手に解釈していました（笑）。

アニメのイラストですから、史実に忠実なわけではなく、「創作アニメ空海！」みたいな感じで、時空を超えた西洋の道具を持っているのもアリ、なのだろうと思いました。

ですから、私の頭の中で思い浮かべている絵は、てっぺんぷっくりの魔法の杖を持たせていたわけです。この棒はなんだ？　と空海さんが不思議に思うのは当然です。空海さんにすれば自分が持っている棒なので、自分と関係があるはず、しかしなんなのか思い当たらない……「？？？」と、なったのだと思います。

帰宅して錫杖と判明したわけですから、この場にいた私はまだ魔法の杖だと思っていて、そう聞かれても答えることができません。

「モデル本人の空海さんがわからないのに、私にわかるはずがないです～。魔法の杖じゃないでしょうか？」と言うと、

「魔法の杖か」と、空海さんはアニメの自分をとても面白がっていました（後日、ちゃんと高野山まで行って訂正してきました）。

神仏に質問をする時、なかなか良い質問を思いつかないことがあります。一つ聞いて、

「次は何を聞こうかな、えーっと、えーっと」と考えても出てこない、なんてしょっちゅ

うです。この時もそうでした。

次の質問……次は何を聞こうか……良い質問を考えなくては！　と、とウンウン唸って悩んでいると、良い質問でなくてもいいではないか、くだらない質問でも答えるから気負うな、という意味で、

「なんでも聞け」と空海さんは言ってくれました。

「私が書く本で、空海さんの魅力をいろんな人に伝えたいんです！　その魅力がわかってもらえるような質問は……」と、言うと、

「ワシに魅力があるかの～？」と笑っていました。

ないわけないじゃないですか！　と、仏様に思わずツッコミを入れそうになったりして、楽しいひとときです。質問が思いつかない私は、

「空海さん、私、もう聞くべきことはないのでしょうか？」と、あったら教えて下さい、みたいなニュアンスで空海さんに丸投げしてみたら、空海さんは大笑いして、

「聞くことがあったら、また登ってこい」と言っていました。

底抜けに陽気なので一緒にいるととても楽しいのです。空海さんがガハガハと笑うと嬉しくて癒されます。尊い仏様でありながら、ユーモアを持っていて、身近で親しみやすい、

それが空海さんです。

もちろん仏様ですから、失礼があってはなりませんし、あまりにも馴れ馴れしい態度は良くないと思います。阿弥陀如来様や観音様と同じ〝仏様〟なのです。そこだけをきっちり押さえておくと、あとは「大好き！」を前面に出して帰依すればいいと思います。

第 2 章

高野山の聖地
奥之院

高野山でのもっとも神聖な場所

八つの山に囲まれた高野山

「高野山」は知名度の高い場所ですが、実は高野山という山はありません。高野山は和歌山県北部、八つの山に囲まれた標高800メートルの場所にある盆地です。八つの山々に囲まれた地形が巨大な蓮華の花のよう、という仏教的にも意味のある土地となっています。

ネットや旅行誌、書籍などで、「高野山エリア」としてふもとの慈尊院などを含めた広い地域をこう呼んでいたりしますが、私が本書で「高野山」と書いているのは、高野山の結界の中を指します。女人道の中、と言ってもいいかと思います。

高野山は明治の世になるまでは女人禁制でした。ですから、女性は高野山の結界に入ることができず、女人道と呼ばれる結界のラインから高野山を眺めていたのです（口絵①）。

その結界はどこからどこまでかと言うと、私たち観光客目線では、大門から奥之院までの幅広い範囲、と考えればいいと思います。

高野山は「一山境内地《いっさん》」と言って、高野山の至るところがお寺の境内となっています。言ってみれば高野山全体がお寺です。ですから、どこで呼んでも空海さんは来てくれますし、どこで話しかけても空海さんは聞いておられます。

たとえば京都だと空海さんに会おうと思ったら、神護寺《じんごじ》や志明院などへ行かなければなりません。しかも空海さんと接していられるのは、そのお寺の中だけです。時間も限られます。しかし、ここ高野山は町全体が境内ですので、どこにいても空海さんと繋がっていられるのです。

そしてその高野山の中でもっとも神聖とされる場所が奥之院です。奥之院には空海さんが今も禅定されているという御廟《ごびょう》があるからです。

高野山はこの奥之院と、お堂や塔が建ち並ぶ壇上伽藍《だんじょうがらん》が2大聖地となっています。そしてもう一つ、外せ

迫力ある大玄関を持つ金剛峯寺の大主殿。

ないのが「高野山真言宗 総本山金剛峯寺」です。あとはご自分の好みや興味、何を重視した高野山詣《もうで》なのかで、拝観するところも変わってくると思います。

空海さんに食事を運ぶ儀式を見られる？

空海さんの御廟がある奥之院は高野山の東側、奥まった静かなところにあります。ここは神聖で特別な場所となっていますから、一切撮影禁止です。奥之院手前に御廟橋という橋が架かっていて、ここから先が撮影禁止となっています。

御廟橋の手前では、お坊さんを含め誰もが合掌一礼しています。初めて訪れる方は予備知識としてこれだけは知っておかれたほうが良いと思います。

奥之院は「一の橋」という場所から、墓地の中を30分ほど歩いて行くのが正式な参拝ですが、「中の橋案内所」またはバス停「奥の院前」からだと、徒歩10分～15分で行くことができます。時間が限られている人や、長く歩くのがつらい人、お墓が苦手な人は中の橋から行くといいです。

空海さんは62歳で、高野山においてお弟子さんたちに見守られながら入定（高僧が亡くなることを意味します）したそうです。入定して49日後、お弟子さんたちによって奥之院の御廟に安置されています。空海さんはこの御廟で今もなお瞑想を続けているとされ、奥之院では空海さんに毎日2回（午前6時と午前10時半）、食事をお届けする儀式が行われています。

空海さんへのお供えを「生身供《しょうじんく》」と言い、この儀式があることは知識として以前から知っていました。そのようなことをされているのだな、と感想はそれだけでした。

話は変わって、高野山には多くの宿坊（宿泊させてもらえるお寺です）があります。どの宿坊も由緒のあるお寺ですから、朝のお勤めをされています。宿泊をすると特典として、翌日の朝のお勤めに参加させてもらえるので、貴重な体験をすることができます。

お勤め（勤行）とは、「仏前で経を読み、祈ること」「仏前で一定の時を定めて行う読経・回向《えこう》など」と辞書では説明されています。要するにお寺でお坊さんが仏様に読経をすることです。

私はこれまでに高野山だけでなく、あちこちの宿坊に泊まって朝のお勤めに参加してきました。お勤めはお寺によって雰囲気が全然違うので、今回の高野山でも朝の勤行に参加することは楽しみの一つでした。

今回は高野山のことを本に書くので宿坊をひと通り調べていて、ふと、総本山の金剛峯寺に朝の勤行はないのだろうか？　と思いました。ないはずがないのですが、その情報が今まで入ってこなかったということは、見学不可の可能性があります。

とりあえず調べてみよう、とチェックをしてみたら、空海さんにお供えする食事の儀式は見学が許されていることがわかりました。その時に奥之院で朝のお勤めがある、ということも知りました。

奥之院の朝の勤行に参加できる！　とわかった時は、「ひゃっほぅー！」と飛び上がって、さらに「らんらんらん♪」と小躍りして喜びました。それほど嬉しかったです。大好きな空海さんの聖地での勤行だからです。

生身供は人間と同じ食事

早朝5時45分、「中の橋第一駐車場」から奥之院に向かって歩き始めました。取材は2回に分けて行き、最初の回は10月の初旬です。あたりはかすかに明るくなってはいましたが、空には星がきらめいていました。平地より気温が低いものの寒いというほどではなく、訪れるには良い季節だったと思います。

奥之院への参道の両脇には、古いお墓や苔むした供養塔がたくさん並んでいます。見ようによっては不気味なこの参道をたった一人で奥之院へと急ぎます。夜のように暗い中を、です。

しかし不思議と「怖い」という感覚はありませんでした。早朝という時間帯のおかげなのか、空海さんの御廟に続く道だからか、それともすでに成仏している人々のお墓だからなのか、その時は理由がわかりませんでした。怖いどころか、なぜか心地良いという感覚があって、不思議な参道だなぁ、と思いながら歩きました。

道の脇にある灯籠が暗い闇をぼんやりと照らし、両側は静まり返った墓地、御廟へと続く一本の道……という、なんとも言えない幻想的な世界がそこにありました。

奥之院に着く頃にはうっすらと明るくなっていましたが、それでもまだ暗かったです。

御廟の前にある、神社で言えば拝殿にあたる「燈籠堂」はすでに扉が開かれていましたが、誰もいません。6時までに5分ほど時間があったので、燈籠堂《とうろうどう》の裏にある御廟へご挨拶をしに行きました。

御廟の前に行くと先客がいました。高齢の……70歳~75歳くらいでしょうか、女性がいてお経を唱えていたのです。結構、大きな声を出して読経していました。

1日で最も清浄な時間、それも空海さんの御廟前です。静かにご挨拶したかったな~、と思いましたが、空海さんにお経を奉納したいという女性の気持ちもとてもよくわかりますので、その場をそっと離れました。

6時になると、カンカンカンと鐘を鳴らす音があたりに大きく響きます。燈籠堂の正面にまわって参道を見ていると、3名のお坊さんが縦一列になってこちらにやってきます。後ろにいる2名のお坊さんは白い紙で口を覆い、白い手袋をして、空海さんの食事が入った櫃《ひつ》と言いますか、駕籠《かご》のような形をした箱を運んでいます。その棒を肩に担《かつ》いでいるのです。

3名のお坊さんは燈籠堂の石段の下まで来ると、後ろの2名がさっと横一列になります。棒を肩から下ろして両手の手のひらを上に向け、そこに棒を載せて石段を上がります。そのまま燈籠堂に入ると、櫃からいろいろと出して、そこで食事のお膳を整え、お供えをしていました。

「普通の食事をお供えしてるんだ~」と、これは驚きました。

というのは、空海さんにお供えするものは他の仏様と同じく、生の大根や人参、さつまいもだと思っていたからです。大根や人参をスパッと斜めに切ったものを立ててお供えする（精進供と言います）のだろうと思っていたので、器を準備しているのを見て本当にびっくりです。

人間と同じ食事（だと思います。中身までは見えませんので）を空海さんにお供えする、空海さんに召し上がっていただく、それは空海さんを大切に思う弟子の方々の気持ちの表れだと思いました。大根や人参を切ったもので済ませれば簡単なのです。

毎日2回、それを1000年以上も続けてこられたこの儀式……（過去には3回お供えした時期もあったそうです）。空海さんの多くのお弟子さんがいかに空海さんを敬ってきたか、大事にお守りしてきたか、が伝わってきます。

食事をお供えし終わると、お坊さん5名による朝のお勤めが始まります。

声明《しょうみょう》から始まって、読経へと続き、7時少し過ぎたあたりまで行われます。その後は、また3名のお坊さんが駕籠のような櫃とともに燈籠堂から去って行き、儀式は終了します。

一般のものとまるで違う奥之院の勤行

さて、ここからは私の体験です。

ちょっと時間を戻しまして……カンカンカンという鐘とともに燈籠堂に向かって颯爽と歩いてくるお坊さんを見学し、お坊さんのあとについて燈籠堂の中に入りました。

燈籠堂は、入ってすぐのスペースが広く、そこで手を合わせるようになっています。目の前には大きなお賽銭箱があって、左横にはお守りやおふだを購入する授与所、祈祷をお願いする受付があります。右横には納骨や開眼《かいげん》・撥遣《はっけん》供養の受付があります。

お賽銭箱の向こう側（奥側）は、お坊さんしか入れない内陣と、祈祷などをお願いした参拝者が座る外陣があります。外陣は端のほうから靴を脱いで上がるようになっています。

早朝ですから、授与所にも納骨受付にも人はいません。参拝客は私一人でしたが、お坊さんがお勤めの準備をされている間、ポツポツと人がやってきて私を含めて5名になりました。このままここで見ていてもいいのだろうか？　とビビりな私はドギマギしていたのですが、他の4人もそうだったようで、みんな所在なさげにソワソワしていました。

そこに50歳くらいの、ランニングをするような格好をした男性がスッと来て、まったく躊躇せずに左側端っこの上がり口から靴を脱いで外陣に上がりました。そして外陣にある焼香台の真ん前にストンと座ります。

私を含めた5人は「え？　いいの？」「いいの？」「タダで上がってもいいの？」とキョロキョロとその男性やお互いの顔、周囲を見まわしていましたが、いいのだったら俺も〜私も〜、と4人は外陣に上がりました。

私はお勤めをしている時の、御廟の様子をライブで見たかったので（燈籠堂を出たり入ったりしなくてはなりません）外陣に上がるのは遠慮しました。

声明が始まると、燈籠堂の中はなんとも言えない不思議な世界になります。声明とはお経を節をつけて読むというか、歌う……という表現はちょっと違いますが、声楽のような感じで唱えるのです。ですから、言葉で「言う」とか、「読む」のではなく、一種の〝調べ〟みたいなものです。唱えている経典がメロディに乗ります。

声明が始まると空間が揺れます。ブレると言いますか、ズレたような感じになって、独特な世界になるのです。仏様の世界、仏様の次元と繋がっているようで、最初の燈籠堂の空間とはまるで違ったものになっていました。

薄暗いお堂の中で勤行は進んでいきます。声明から読経に変わり、メインのお坊さんが焼香をすると、さきほどの男性がササッと焼香台の前に膝を進めました。他の人が何事かと見守る中、男性は慣れた手つきで焼香をしました。

ここでも「え？　え？　いいの？」「焼香してもいいの？」と知らない人はソワソワムードを出していましたが、いいのだったら俺も〜私も〜、と外陣に上がった人は続けて焼香していました。

このように事情をよく知っている人が一人いるとありがたいです。知らなければ全員、お賽銭箱のこちら側に立ちっぱなし、内陣から遠いところで見るだけ、だったのです。

外陣の上がり口には「読経・納骨供養等、申し込みされた方はこちらからお入り下さい」と書かれていますから、黙って上がってはいけないのだと思い、遠慮します。と言うか、本来無料では上がれないのではないかと思います。早朝のこの時間だけ、特別に許されるようでした。

勤行は声明と読経だけでなく、五体投地のようなことも最初と最後にしていましたし、真言も唱えていました。金剛鈴を鳴らしたり、金具（すみません、名称がわかりません）を鳴らしたりもしていました。一般的なお寺の勤行とはまったく違っていました。

我欲の教えで仏様に一歩近づく

御廟前での出来事

お堂で勤行が続くなか、御廟のほうへと行ってみました。お勤めをされている間の御廟ってどんな様子なのだろう？　空海さんはどうされているのだろう？　と思ったからです。

燈籠堂左側面《そくめん》の扉から外に出ると、まだあたりは薄暗い世界でした。

その場で、徐々に明るくなっていく空を見上げ、木々を見渡し、高波動で清浄な空気を胸いっぱいに吸うと、自分がどんどんクリアになっていくのがわかります。読経は空まで響いていて、空に反射してふたたび降ってくるような、そんな錯覚を覚えます。

想像していたものをはるかに上回る素晴らしい体験に感動して、しばらくそこに立ち尽くしました。

それから、燈籠堂の裏側へと行ってみると、さきほどの女性がまだいました。大きな声で読経を続けています。

御廟前は燈籠堂の裏ですから、燈籠堂の壁と御廟との間の狭い通路が参拝スペースです。燈籠堂の壁の上部には隙間が開いていますので、そこからお坊さんの声が流れてきます。

しかし、隙間がとても小さく、なおかつ上のほうにあるので、読経はしっかり聞こえるのではなく、かすか～に届く程度です。とても小さな音量ですから、女性が大声で読経をするとお坊さんの声はほぼ聞き取れません。

早朝という最高のシチュエーションで、空海さんの波動をいただきながらお坊さんの読経を聞くと、どれだけ癒されるのか試したかった私には残念な状況でした。女性は一心不乱にお経を唱えていたので、仕方なくまた燈籠堂へと戻りました。

お勤めの続きを見て時間を過ごし、さすがにもう終わったのでは？　と再度御廟へと行ってみたら……女性はまだ大きな声で読経中でした。

私の少し前にそこに来たと思われる40歳くらいの男性が、ロウソクに火を灯し、お線香を奉納していました。男性はその後、手を合わせていましたが、隣りで大きな声を出す女性がうるさかったようで、ずっとチラチラと見ていました。イライラしているのが手に取るようにわかります。ムカつきオーラ大放出、といった感じで「おばちゃん、ちょっとうるさいでぇ〜」という顔をして睨んでいました。

しかしおばちゃんは強いです。どこ吹く風で続けます。男性は根負けして、おばちゃんを睨みながら去って行きました。おばちゃんのほうは、ふぅ、やっと邪魔者が去って行ったわ、とさらに大きな声でお経を唱えます。私も静かにその場を離れました。心の中では、ンモー、おばちゃん、10分とは言わない、5分でいいから、空海さんの御廟というこの場所でお坊さんの読経を聞かせてくれないかなぁ、と思いました。

燈籠堂に戻って、そこでまたお勤めの続きを見ます。そろそろ終わりかな、という頃にもう1回、御廟に足を運びました。

おばちゃんはまだそこにいました。私が行くと、「あ〜、こいつ、また来たな〜」という雰囲気で、声が一段と大きくなりました。おばちゃんはおばちゃんで、一人でゆっくり読経したかったようです。それを私が何回も邪魔をしに行くのでイライラしていたみたいでした。

私が行ったために声を大きくされると、なんだか抗議をされているような気持ちになります。まだまだ人間ができていない私は、「これって、どうなん？」と思いました。

みんなの空海さんです。大きな声を出して読経されると、おばちゃんの独り占め感が漂います。ここは静かに、他の人の迷惑にならないように、小声で読経をすべきじゃない？と思いました。もしくは、大きな声でも構わないから、長々と唱える（すでに1時間近くが経過していました）のを控えるとか……。

おばちゃんのエゴと私のエゴ

すると、それまで黙って私を見ていた空海さんが言いました。

「廟の前を自分だけが占領したい、読経を大きな声でしたい、まわりの人のことは知りません、邪魔しないで下さい、というのはおばちゃん（私の呼び方に合わせてくれています）の我欲である。廟の前で静かに瞑想したい、僧の読経だけを聞いて癒されたい、ここで読経したい人の気持ちは知りません、他人には静かにしてもらいたい、というのはお前の我欲である」

そう言うと空海さんは、白いお皿に載せた2つの玉を見せてくれました。

「ここには2つの我欲がある。どちらも同じ我欲だ」

そう言われてハッとしました。内容は違っていても「自分はこうしたい」、「自分の満足のために他人にはこうしてほしい」というそれは、「私のほうが優先されるべき」という欲求であり、同じものなのだと思いました。

「お前は自分の我欲を通すために、おばちゃんを黙らせるか？　おばちゃんの我欲を押さえつけるか？」と、聞かれました。

「自分の我欲を無理押しするために、人の我欲を引っ込めさせるのか？（同じ我欲なのに？　というニュアンスです）」とも言われました。

う～ん、そう言われたら、「いいえ、私のほうを引っ込めます」という答えになります。

これはどっちが正しいとか間違っているとか、そのようなものがない、言い換えれば同じワガママなわけです。自分のワガママを強引に押し通すのはちょっと……と思います。空海さんは、

「そうだろう？」と言いましたが、まだ笑顔ではありません。


そこでもう少し考えてみました。

私は空海さんに指摘されるまで、自分は正しいと思っていました。おばちゃんの気持ちはわかるけれど、早朝のこのようなシチュエーションで静かにするのは当たり前であり、ちょっとだけ小声にしてくれないかな、と思うことは間違っていないと思っていたのです。

正しいのは私だと勘違いしているので、おばちゃんを責めるような気持ちがどこかにあったのかもしれません。

空海さんに同じ我欲だ、と言われて初めて、ああ、そうだな、と気づきました。自分がこうしたいから、おばちゃんちょっと黙ってくれないかな？　と思う、それは自分の欲求を通したいワガママであり、大きな声で読経したいと思うおばちゃんと根っこは同じだったのです。

これはエゴですから、はっきり言ってどちらも良いものではありません。

人に我慢をさせてまで、自分のエゴの無理押しはしたくない、と思いました。自分こそが正しいと思っていたことも錯覚だと気づきました。そこまでしっかり考えて、

「やっぱり私が引っ込めます、おばちゃん、どうぞ、と素直にそう思います、喜んで譲ります」と空海さんに言うと、

「それが仏に続く道である」と空海さんは、ニコニコしていました。

譲ることの難しさ

この出来事はとても勉強になりました。

私は私の基準で物事を考え、自分の欲求を優先したいがために、静かにする人が当たり前、静かにする人がいい人、と考えました。しかし、昼間の御廟の前では、声に出して読経をする人も多いのです。昼間はそれが普通です。ですから気持ちもわかるし、大きな声での読経は禁止されているわけではないのです。

ただ昼間でも長々とする人はいなくて、せいぜい5分〜10分です。あんなに長い時間やるのは迷惑だよね、と思いました。時間が長いか短いかは、私の勝手な基準で考えています。自分のエゴを正当化しているのです。

ここで決して間違ってはいけないのは、空海さんは常に自己犠牲をしろ、なんでもかんでも我慢して譲りなさい、他人を優先させなさい、と言っているわけではありません。

自分のほうが正しい！　と決めつけているその考えを、本当にそうなのか？　と一度じっくり考えてみなさい、と言っているのです。自分が正しい、と思えば、相手を非難します。それも強く攻撃する気持ちが芽生えます。今回の私のように、仏様から見たらどちらも同じエゴだとしたら、相手を非難するのは魂にとって良いこととは言えません。

そこで、「あっ！」と思いました。それまでおばちゃんは、私にとってハタ迷惑な人でした（うわぁ、おばちゃん、こんな言い方をしてごめんなさい）。しかし見方を変えてみると違います。おばちゃんは私に大事なことを教えてくれた人だったのです。

「おばちゃん、うるさいなぁ」ではなく「おばちゃん、ありがとう」なのでした。

よく見たら、おばちゃんは「南無大師遍照金剛」「同行二人」と背中に書かれた白衣を着ています。四国のお遍路さんの満願の旅、空海さんへのお礼参りなのかもしれません。

人に譲る、ということは難しいです。

その状況が、自分のほうが正しいと思ってしまう場合ならなおさらです。空海さんは大切なことをまた一つ、教えてくれたのでした。

空海さんの癒し

お墓の住人は空海さんファン

翌日の朝は宿坊の勤行に参加しました。そちらはそちらでとても良かったのですが、私は奥之院の荘厳さ、魂が感じる透明感や素晴らしさが忘れられず……それからは宿坊に泊まっても、朝の勤行は奥之院に行くようになりました。

早朝の奥之院は行けば行くほど虜になります。そして行くたびに新たな発見があります。初日、私の意識の中では参道の両側は〝墓地〟でした。しかし、怖いとか気味が悪いとかそのような感覚はなく、なぜか心地良いと感じました。

2回目に、それはどうしてだろう？　と周囲をよく見たら、様々な時代の人が様々な姿で見えました（お墓全員分ではなく人数的には少ないです）。そしてその人々に意識を合わせると、どの人も空海さんが好きでたまらない、という気持ちだったのです。

あぁ、そうか、ここにいる人は霊とか、ご先祖様とかそのようなカテゴリじゃなく、空海さんの大ファンなんだ、私と一緒なんだ〜、とわかりました。

それがわかった瞬間に、その人々が私に向かって優しく微笑みます。同じ「空海さん大ファン」だと思うと、なんだかものすごく親近感が湧いて、仲間のような気持ちになりました。その後は参道を歩きながら、人々に「おはようございます！」と挨拶しました。みんな嬉しそうにニコニコしていて、中にはお辞儀で返してくれる人もいました。

そうか、高野山にお墓があって今もここにいる人は空海さんが好きなんだな〜、と思うと、この場所で眠れる人を羨ましく思いました。古〜い小さな墓石のお墓などもたくさんあって、墓石は地面にじかに埋められています。昔に生まれた人はこの場所を確保できていいいな〜、と思いました。

特に御廟橋のあたりは朝の勤行のお経が毎日聞こえます。あっという間に仏の世界に進んだのではないかと思います。私を含めた現代の空海さんファンは奥之院に近いところに眠りたいと思っても、今はもう空いている土地がなさそうです。あっても高いんだろうな、と思います。

究極のやすらぎを感じられる早朝の御廟

2回目ともなると、ドギマギしたりソワソワしなくていいので心に余裕ができ、観察もしっかりできました。

燈籠堂入口の右側には「塗香《ずこう》」が置いてあります。これは粉末になっているお香で、ひとつまみいただいて手に擦り込みます。神社の手水舎《てみずや》のようなものです。塗香を手に擦り込んだあと、その手を顔に持っていって、〝香り〟（お香そのものではありません）を口からそっと吸うと、口を清めることもできます。私が手を清めているのを見て、後ろにいた外国人の男性2人も見よう見まねで手を清めていました。

2回目の奥之院の朝の勤行ですが、おばちゃんもしっかり来ていました。しかし、初回の日と違って、おばちゃんは小さな声でモゴモゴと読経していました。そばにはお坊さん（高野山のお坊さんではありません）がいて、腰掛ける場所で足を組み、静かに瞑想をしていたので、邪魔をしてはいけないと思ったのだと思います。

勤行前の燈籠堂の中には、南無大師遍照金剛と背中に書かれた白衣を着た、高齢の男女3名がすでに外陣に上がって待機していました。3人とも椅子に座っています。正座をすると足が痛む人のために、椅子が3脚ほど外陣に用意されているのです。

私と外国人のお兄ちゃん2人がお賽銭箱の手前に立っていたら、椅子に座った女性が手招きをします。「そっちから入って、ここに座り〜」みたいなゼスチャーをすると、外国人のお兄ちゃん2人組は「えっ！　入っていいの！」と驚き、「じゃあ、入る〜！」と喜んだ感じでいそいそと外陣に上がっていきました。

ひと言も言葉を交わしていないのに、ちゃんと通じたところがすごいです。女性は私も誘ってくれましたが、途中で御廟に行くので……と理由も添えて、丁寧にお断りしました。


勤行が始まって御廟に行ってみると、お坊さんはまだ瞑想中でおばちゃんも静かにしていました。「おばちゃん、ありがとう」と心の中でお礼を言って、私もそこに座り（燈籠堂の壁に長いベンチのような、腰掛ける場所が作ってあります）、だんだん明けていく空、静まり返った森や木々、波動の高い空海さんの御廟、御廟前に飾ってある金色のハスのオブジェ、などを見ながら心を空っぽにしてみました。

低く低く……地を這うような読経の声がかすかに流れてきます。

ボーッとそれらのものを見るとはなしに見て、お経も聞くとはなしに聞いていると、頭の中は何も考えていない状態になります。これは、意識してやろうと思うと非常に難しいことなのに、自然とひたすら〝無〟になっていくのです。

そこはこの世とは思えない世界であり、仏様の世界ともリンクしていて、不思議な感覚になります。違う世界に存在している実感と言いますか、取り巻く周囲が異次元と言いますか、そのような感じです。

そして、究極とも言える、魂がほわぁ〜っと上昇していきそうな〝安らぎ〟を覚えます。これは一般的などこにでもある安らぎではなく、深い安らぎ、高度な安らぎで日常では感じられない種類のものです。

ここで実感をともなって気づいたことは、仏様の世界と繋がっていたらお経は意味がわからなくても癒される、ということです。声明から普通の読経に変わったな〜、お経だな〜、としかわからないのに、なぜか癒されるのです。何を言っているのか、内容がどんなものか知らなくても、不思議と効果があってますます心が平安な境地に入っていきます。

なるほど、亡くなった人がお経の意味を知らなくても、何を言っているのか聞き取れなくても、供養になるのはこういうことか〜、と思いました。完全に仏様の世界となるあの世では、お経はさらにパワーも与えてくれますから、私が感じた何十倍、何百倍もの効果があるわけです。仏壇やお墓でお経を唱えてあげるのはとても良いというのを、ここで実感として学びました。

おばちゃんは、お坊さんは特別と考えていたのか、お坊さんが去るとまた大きな声で元気に読経をしていました。顔をしかめて去る人もいましたが、静かな時間がもらえた私はそれで十分でした。

翌日の朝もおばちゃんはいました。同じくお坊さんもいて、この日もお坊さんは静かに座禅を組んでいたので、おばちゃんはモゴモゴと蚊の鳴くような小声で読経をしていました。おかげ様で私も2日続けて静かに空海さんの波動やお経の癒しをいただくことができました。

信仰を持つ幸せ

朝の勤行に参加させてもらったあと、奥之院から駐車場まで戻る間、とっても幸せな気持ちに包まれます。それは魂が浄化されて、波動の低い感情や良くない考え、悩みなどが一旦クリアになるからです。大好きな空海さんに恩恵を……もっと的確に言えば、〝愛情〟をもらったあとですから、その影響もあります。

私って幸せだなぁ、としみじみ思いながら参道を戻りました。

目が見えるから勤行を見ることができる、足が動くからどこにでも行くことができる、健康だからご飯も美味しく食べられる、神仏が正してくれるおかげで曲がらずに生きていける……感謝の気持ちが、あとからあとからあふれ出てきます。

それは「ありがたい」と〝文字〟で思うのではなく、泣きそうなくらい嬉しい感情、神仏が大好きでたまらないという感情、そのような〝感情〟でいっぱいに満たされるのです。

自分自身が感謝の塊になったような感じです。

ああ、そうか、信仰を持つということはこういうことなのだな、と私はここで気づかせてもらいました（宗教を持つ、ではありません）。自然とそのような感情があふれ出ると、ものすごい幸福感に包まれます。

現実に目を向ければあれこれ悩んでいることもあるし、困っていることもあり、気がかりなこともたくさんあります。毎日毎日それらと戦っていると、心が疲弊し、心が疲れると魂の輝きも薄くなります。神仏のもとで疲れた心をご加護によって洗濯してもらうとピカピカに蘇り、そうなれば明日からまた頑張って生きていこうと前向きになれます。

人間が感じる幸福感には２種類あって、宝くじが当たったから幸せ、合格したから幸せ、出世したから幸せ、という何か現実世界の出来事の結果として感じるものと、まわりの世界も何も関係なく自分自身が〝今、いるだけで幸せ〟と感じるものがあります。神仏からいただく幸福感は後者のほうで、こちらは魂まで響く深いものとなっていますから、心と体だけでなく魂まで癒されるというわけです。

そんな幸せいっぱいの気持ちで歩いていたら、いきなり「バサッ！」という派手な音がしました。「え？　なに？　なに？」と見たら、それは頭上から落ちてきた木の枝でした。木の枝と言っても葉っぱもついている立派なものです。それがジャストなタイミングで、私の鼻先をかすめるような距離で、私の真ん前に落ちたのです。

見上げると、どれくらいの高さなのか見当がつきませんが、相当背の高い杉の大木がありました。一瞬、天狗のいたずら？　と思ったのですが、そうではなく、その杉の木からのお知らせでした。

その杉は樹齢1200年と思われる立派な木で……いや、もしかしたら空海さんが高野山を開いた時にすでに成長した木だったかもしれないので、1200年以上かもしれません。とにかく樹齢が半端ないです、という古い木で、なんと！　幹が三股に分かれているのです。

何気に参道にある木ですが、ご神木でした。しかも誰もそのご神木に気づいていません。風景の中にあるただの木、という存在になっているからです。

誰も気づかないいんだよ～、と優しい雰囲気で笑っていました。神社の境内の中にあれば、確実にしめ縄を張ってもらえるクラスなのに、もったいないなぁと思った私は、そこでちゃっかりご神木のエッセンスを振りかけてもらいました。

このご神木の場所は、「中の橋案内所」から奥之院へ向かって歩いて行き、最初の左折できる角を左に行きます。突き当たったところの右角、そこに立っています。誰も気づいていませんが、立派なご神木ですから、心の中でいいので、お話をしてエッセンスをもらうといいです。人との関係がうまくいく、心を穏やかに保てる、性格が丸くなる、そんなエッセンスを持っています。


三股に分かれた幹が目印です。

冬の奥之院

12月の奥之院

2回目の取材は12月で、この時ももちろん朝の勤行は奥之院へ行きました。雪が降る中を歩いて行ったのですが、これが寒いのなんのって、もう……（泣）。体のほうは着込んで行けばいいので大丈夫なのですが、問題は足です。うっかり普通の靴下にスニーカーで行ったら、奥之院に着くまでに雪で靴も靴下も湿ってしまい、キンキンに冷えました。脳天まで貫く冷たさでした。

真冬の5時45分はまだ夜の暗さです。本当に真っ暗でした。周囲も見えません。この日も墓地にいる人（見えない世界の人たちです）に挨拶をしながら歩くと、参道まで出てきてくれる人や、お辞儀で挨拶を返してくれる人、笑顔を返してくれる人など、空海さんファン仲間は歓迎してくれました。

燈籠堂は早朝から開扉されています。燈籠堂に宿直されているお坊さんが、夜明け前からすでに働いていらっしゃるのだそうです。寒い時期は参拝者のために燈籠堂内を暖めてくれているようで、大きな暖房器具2台からは温風が出ていましたし、外陣にはあかあかと燃えているストーブが2台置かれていました。凍えそうに寒かったので、参拝者へのこの気遣いがありがたかったです。

この時はマイナス5度でした。食事を運んでくるお坊さんは薄い法衣に足袋、草履（メインのお坊さんは下駄です）という服装です。モコモコのダウンを着ていても寒いのに、お坊さんの修行ってやっぱり厳しいのだと再確認しました。

現代は保温機能がある下着などがありますが、５００年前、１０００年前はいくら着込んでも綿だったわけですし、お堂も今と違って建て付けが悪かったと思います。隙間風びゅうびゅうで、お腹とか冷え放題だったのでは？　と思いました。氷のように冷え切った板張りに正座ですから……修行僧はすごいです。

勤行が始まる前に御廟へと行ってみたら……なんと！　おばちゃんがいました！

10月の時は、お遍路さんの満願で1週間くらい滞在してるのかな、もしかしたら1ヶ月くらいいるのかも？　と思っていたのですが、2ヶ月後にもいたということは高野山にお住まいなのかもしれません。う〜ん、でも、おばちゃんはお遍路さんに使ったと思われるとても大きなリュックを毎回持ってきていたのです。高野山にお住まいなら、あの大きなリュックは持って来ないのでは？　とも思います。3ヶ月とか半年とか、長期滞在しているのかもしれないです。

この日は未明から雪が降って早朝は道路が凍結していましたから、ふもとから車で来たとは考えにくいです。スタッドレスタイヤでも、宿坊から奥之院の駐車場までの間にカーブで滑ったくらい凍っていたのです。

おばちゃんは冬スタイルになっていて、耳当てをつけ、綿が入った上着の上に「南無大師遍照金剛」の白衣を来て、防寒ズボンを穿き、防寒ブーツという姿でした。相変わらず、声を出して読経していましたが、10月の時より若干遠慮していて大声ではなく、ごく普通の音量になっていました。

「おばちゃん〜、元気だった〜？　お変わりない？」と読経の邪魔にならないように心の中で声をかけました。氷点下の朝に歩いて御廟まで来ることができる……それは健康である証拠です。空海さんのご加護だな〜、と思いました。お元気そうで何よりだな、良かった良かった、となぜかとても嬉しかったです。

勤行が終わってから行ってみると、おばちゃんはまだ読経を頑張っています。そこに女性が2名バタバタと音をさせて来ました。するとおばちゃんは急にボソボソと超小声になり、2名が去るとまた元気よく張り切って読経です。お坊さんと2名以上は遠慮する、というマイルールがあるのかもしれません。

御廟の前にはロウソクとお線香が置かれています。お線香は3本をひとつにまとめてあって、ロウソクもお線香も50円を箱に入れるようになっています。

お線香のほうはどっしりとした太い種類のものもあります。こちらは「大震災復興祈願線香」で、お線香に「大震災復興祈願」「先祖供養」「家内安全」「病気平癒」「南無大師遍照金剛」と書かれた5種類がありました。1本100円です。「奉納金の一部を東日本大震災義捐金としてお納めさせて頂きます」と書かれていました。

初回の参拝時、どれにしようかな〜と悩みましたが、ここはやっぱり南無大師遍照金剛で、とこちらを奉納することにしました。

縦に南無大師遍照金剛と書かれていますから、「南無」の上、つまり頭のてっぺんを燃やすことにちょっと抵抗がありました。それで「金剛」の下に火をつけたのですが……ええ、そうです、香炉に刺すと字が逆さまになってしまうんですね～、字の下を燃やしてしまうと。慌てて消して、「南無」の上に火をつけました。熱心に読経していたおばちゃんは私のほうを見ていなかったので、恥をかかずに済みました。

勤行中に広がる空海さん

外陣に上がって見学させていただくと、内陣が目の前ですからいろいろなものがよく見えます。声明もとっても大きく響いてきます。声ももちろんそうですが、お坊さんも参拝者も床に座っていますから、振動が伝わってきます。音と振動を通して聞きますので、体に直接響きます。これは外陣でいただける恩恵です。

お経の意味も、何を言っているのかということがわからなくても、自分と宗派が違っていてなじみのないお経でも、リラックスさせてもらえます。魂が解放されたような癒しです。私はこの癒しによって、ウトウトとちょっぴり寝てしまいました。

外陣に上がると法具などもよく見えますから、勤行の儀式自体に興味のある方は外陣に上がらせていただくといいです。焼香もできますし、冬は寒くないという特典付きです。

勤行の最後のほうになると、空海さんの特大の顔が燈籠堂の須弥壇《しゅみだん》あたりに現れます。うわぁ！　と見ていて腰を抜かしそうなくらい大きく、力強い空海さんです。そしてそのまま、〝空海さんが〟燈籠堂中に広がります。波動が広がるのではなく、空海さん自身が広がって広がって、そして弾けたような感じで燈籠堂内にすぅーっと溶けていくのです。見ていて「おぉ〜！」と感嘆の声が漏れてしまうくらい、感動しました。それは空海さんの愛情だからです。自分が開いた高野山に対する思い、お弟子さんに対する思い、空海さんを慕って全国から会いに来る参拝者への思い……それが形となって見えるのが最後のほうに現れるお顔です。

もっと詳しく言うと、お坊さんが各種真言を唱え始めた時にお顔が出現します。そして「南無大師遍照金剛」と3回唱え終わった瞬間に、弾けてすぅーっと溶けていきます。そこから先の燈籠堂の中は、空海さんが溶けた空間、空海さんの愛情の海のような空間になっています。これは1日持続するのではないかと思います。

1日のうちで一番清浄な時間の早朝は、特に神仏と繋がりやすいです。燈籠堂の中で勤行をしっかりすべて見るのもいいですし、空海さんの御廟の前に座って、徐々に明けていく森、空、を見ながら低く響く読経に浸るのもいいです。こちらは別世界にいる自分を感じることができますし、異次元空間にいる感覚も味わえます。

心身ともに芯からリラックスし、これは魂のクリーニングと言っても過言ではない体験です。すべてをリセットしてくれますので、嫌な感情もイライラも手放して、この時に自分に残るのは幸福感です。至高の時間を与えてもらえる、それが空海さんの御廟がある奥之院の朝の勤行です。

私からのアドバイス

朝のお勤めは「見学オーケー」と大々的に「参加歓迎です」という姿勢ではないように思いました。公式サイトに書かれていないからです。伝統的な行事でもあり、宗教的に大切な儀式です。見学をお考えの方は「見せていただく」という謙虚な気持ちで行くことをおすすめします。

当然、燈籠堂内で私語はすべきではないと思いますし、勤行が始まってから外陣にガサガサと上がるのは非常に失礼ですから、始まる前に上がって静かに待つのが礼儀です。同じく途中で外陣から出るのもルール違反でしょうから、７時まで座っていられないという人は最初から上がるのは遠慮したほうがいいと思います。

勤行が終わったら、見学していた人は皆さんサッと燈籠堂を出て帰ります。おふだやお守りを購入したり、祈祷や納骨をお願いする受付は８時半からですので、何かを購入したい場合はあとからもう１回行くことになります。


最後に、アドバイスをひとつ書いておきます。

すべてを見終えた私は、これを１２００年も続けてきたのだな、信仰ってすごいな、と思いつつ、燈籠堂から戻っていく３名のお坊さんを見送っていました。ボーッと後ろ姿を見ていると、３名のお坊さんはサクサクと参道を去っていき、御廟橋を渡り……そこで、くるっ!! とこちらを振り返ります。

えっ！　と思う間もなく、お坊さん３名は燈籠堂に向かってお辞儀をします。その時、私は燈籠堂の石段の上の中央に立っていましたから、お辞儀をしているお坊さんと、空海さんの御廟を繋ぐラインのど真ん中にいたわけです。

ひ〜！　横によけなきゃ！　と慌てて移動しましたが、時遅し、です。私に向かってお辞儀をされたような格好になってしまい、バツが悪いというか、申し訳ない気持ちになりました。

ですので、皆様、お坊さんを見送る時は橋の向こうでこちらを振り向く、お辞儀をする、ということは知っておかれたほうが良いと思います。なんとも言えない、ごめんなさい気分がしばらく消えませんので、お気をつけ下さい〜。

昼の奥之院

2回目の生身供

早朝の勤行は素晴らしいのですが、そこに長居をするのが躊躇《ためら》われるため、終わったらそそくさと退散しています。皆さん、そうされていますし、燈籠堂の中に誰もいませんから、そこでウロウロすることは遠慮してしまいます。昼間の奥之院を見ようと思ったら、もう一度行くことになりますが、それはそれで楽しいです。

一の橋から、墓所をいろいろと見学して歩いて行ってみました。奥之院に着いた時にちょうど2回目（10時半）の生身供が始まり、なんてラッキー！　と思った私は空海さんにお礼を言いました。

2回目も1回目と同じなのかと思ったら、お膳を届けただけで読経はありませんでした。メインのお坊さんが所定の位置に座ったので、儀式が始まるのかとずいぶんそこで待ったのですが、なかったです。いくつかの法具を鳴らしたりはしていました。

あれ？　2回目の生身供では読経はしないの？　と帰宅してから調べたのですが、2回目も読経するようなことがあちこちに書かれています。ずいぶん前に奥之院を訪れた時に、朗々たる読経を聞いて、「素晴らしい！」と感動したことがあるので、2回目の生身供も読経はしていたように思いますが……もしかしたら、日によってしないことがあるのかもしれません。とにかく私が行ったこの日はありませんでした。確実に儀式を見たい方は早朝に行かれたほうがいいと思います。

燈籠堂に向かって右の外部側面には地下室への階段があります。特に案内がないので「入っていいのかな？」と躊躇してしまうかもしれません。この地下室には空海さんに一番近いとされる場所があります。御廟の地下で瞑想している空海さんと対面している場所なのだそうです。

階段を下りて行くと、非常に多くの空海さん像が安置されていて驚きます。像は小さなものですが、一体一体の台座にネームプレートがつけられています。

中央には祭壇がありますが、地下室は10月でもとても暑くてジメジメしていました。空調が効いていたとは思うのですが、「あっつー！」という感じでした。暑い、暑いと騒いでいると、空海さんが「もう出よ出よ」と言っていました。

高野山であればどこでも繋がれるから、場所にこだわる必要はないのだそうです。ここが一番声が聞こえやすいのかな、と思いましたが、空海さんはどうも横を向いてる感があります。もしかしたら、真正面を向いて瞑想しているのではなく、若干横向き加減なのかもしれません。

私個人の感想を言うと、ここはそんなに特別な場所ではないように思いました。

空海さんのロウソク

燈籠堂に入ると正面にお賽銭箱があることは先ほど書きました。その右側にあるカウンターの上に、三方が置かれていて、そこにはロウソクの燃え差しが積まれています。燃え差しと言っても、結構長くて太いロウソクなので、まだまだかなり燃えてくれそうです。「お大師さまにお供えしたロウソクです。ご自由にお取り下さい」と書かれていて、御廟や燈籠堂で空海さんにお供えしたロウソクのお下がりをいただけるようになっています。なんてありがたい！　と思いました。日によっては、そばにロウソクを入れるための紙袋なども用意されていて、二重にありがたかったです（紙袋がない日もありました）。

1本いただいて、感謝の気持ちとしてすぐ横に置いてある三方にいくらかお賽銭を載せます。お賽銭用の三方が置かれていない日もありましたので、そのような日は大きなお賽銭箱に入れると良いと思います。

このロウソクを自宅で灯してみました。ロウソクが太いため炎も大きいです。しゅーっと細くなったり、ゆらゆらと揺らめいて丸くなったり、炎に特別何か力があるとか、効果があるということはないのですが、空海さんにお供えした残りの火だ、と思うと心が落ち着きます。

ただですね、太いロウソクですから消すと、煙がもわぁ〜っとたくさん出ます。初回の時は、火災警報器大丈夫⁉　とビビりました。2回目からは換気扇の下で消しています。燈籠堂の中で見るとそうでもない大きさですが、自宅で灯すと「でかい！」のです。うっかりミスで火事、という可能性がないとも限らず、気持ちが落ち込んだ時くらいしか灯していませんが、1本あるとなんだか安心します。

ロウソクの横には写経を空海さんに奉納するための箱が置かれています。自宅で書いてきた写経をここに持って来て入れれば、お焚き上げしてもらえます。高野山に行く、となったら家で写経をして持参するといいと思います。

写経は亡くなった人にとっては大変ありがたい供養となっていますから、親兄弟、親戚だけでなく、血が繋がっていない人でも書いてあげると喜ばれます。お友達や知り合い、震災で亡くなった方など、どなたにでも心のこもった良い供養が届き、その人をあちらの世界でサポートします（供養の対象が複数の場合、その供養は分けて届けられます）。特に自殺をした人にはとても大きな助けとなります。

これも奉納料金など書かれていませんから、感謝の気持ちとして少しでも良いのでお賽銭箱に入れるようにします。

ありがたい空海さんへのお手紙システム

正面から左側に行くと、授与所、祈祷受付があります。お守りやおふだを買う場所です。そこに「お大師さまへの手紙」というハガキが置かれています。ハガキの表には住所欄に高野山奥之院が書かれ、宛名のところに「お大師さま　宛」と書かれています。裏面は空海さんにお手紙を書くスペースとなっていて、上部に小さな空海さんの像が印刷されています。

空海さんだけに読んでもらいたいのか、多くの人に役立つのであれば匿名で活用しても良いのか、チェックを入れるようになっています。

「悲しいこと、辛いこと、楽しいこと、うれしいことがあった時、お大師さまに手紙で届けてみませんか」「裏面にあなたの思いを書いて、奥之院　御廟前のポストに投函又は郵送してください」と、表面に書かれています。

あ〜、これは良い制度だな〜、と思いました。

御廟の左端に空海さん専用のポストが設置されていますから、自分でポストに直接入れることもできるわけです。必ずこのハガキを使用しなければいけない、という決まりではなく、家からお手紙を書いて持って来てもいいし、普通に便箋に書いたお手紙を空海さん宛で郵送してもいいのです。

「お大師さまへの手紙」というサイトを金剛峯寺が立ち上げていて、そちらに詳しいことが載っていました。ネットを使う環境にいないという方のためにちょっと引用させていただきます。

※差出人は匿名でもかまいません。

注意：お大師さまだけに読んで頂きたい方は〈お大師さまだけ〉と明記ください。手紙の紹介など、匿名で役立出せても良いと思われる方は〈役立出せても良い〉と明記ください。ハガキ、封書どちらでも受け付けております。文字だけでなく、イラストや絵も書くことが出来ます。お大師さまは芸術家でもありました。

届いた手紙は、特定僧侶が開封し、お大師さまにお届けします。その後、手紙を読んで頂いたお大師さまに対して、感謝のお経をささげます。また、あなたの願いが込められたお手紙は、お加持をさせて頂きます。手紙は最終的にお焚き上げします。

空海さんは必ず読んでくれますから、つらいことや苦しいことなど、なんでも相談すると良いです。心が軽くなります。

遠くて高野山に行けない、仕事や育児で忙しくて行けない、病気などで行けないという方にとっては、これはありがたい制度です。

空海さんにご縁をもらいたい！　と思われた方は、まずお手紙を書きます。この時、非常に重要なのは「どこの誰なのか」を明記することです。ですから、住所と名前はしっかり記入します。

お手紙を書いておけば、空海さんはそれでその人を知ることになります。知ってもらえたら、あとは自分が行ける範囲にある〝空海さんゆかりのお寺や場所〟に参拝するといいです。そこで空海さんを呼ぶと、来てくれます。見えなくても空海さんは来て下さっていますので、そこで心を込めて丁寧に、いろいろとたくさんお話をすればご縁を結んでもらうことができます。

高野山に行っても空海さんにうまく話す自信がない、という人もお手紙で伝えるといいかもしれません。親切な制度ですし、興味がある方は一度利用されてみてはいかがでしょうか。

お大師さまへの手紙

〈宛先〉
〒648-0211
高野山奥之院
お大師さま（弘法大師 空海さま）

第3章

高野山を体験する

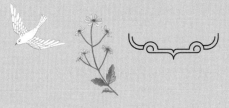

結縁《けちえん》灌頂《かんじょう》を受ける

結縁灌頂とは

見出しを読まれて、それは何？　と思われた方も多いのではないでしょうか。灌頂という言葉を知っている方も、一般人が体験できるの？　とそこに驚かれたことと思います。私もそうでした。ゴールデンウィークに参加された読者の方からのメッセージで、高野山で体験できることを知りました。

この「灌頂」という儀式、空海さんが唐に留学していた時に、師である恵果阿闍梨《けいかあじゃり》（阿闍梨とは高僧のことです）から受けています。日本に帰国したあとでは、今度は最澄さんが空海さんから受けています。「教えを極めました」という資格をいただくようなもので、僧侶である師から、僧侶である弟子が受けるものだろうと思っていました。

調べてみると、「灌頂」には種類があって、密教の修行を終えた僧侶だけしか受けられれないのが「伝法潅頂」であり、一般人でも受けられるのが「結縁潅頂」でした。

まずはこの儀式が何であるかということの説明です。一番正確である金剛峯寺のサイトから、引用させていただきます。

【この儀式は仏様の世界を表す曼荼羅《まんだら》に向かって華を投ずることにより、仏様（密教の尊い教え）と縁を結ばせて（これが《結縁》の意味）いただき、阿闍梨様から大日如来の智慧の水を頭の頂より注いで（これが《潅頂》のこと）いただくことによって皆さんの心の中に本来そなわっていらっしゃる仏の心と智慧を導き開く儀式です。】

高野山では、5月に「胎蔵界結縁潅頂」が行われ、10月に「金剛界結縁潅頂」が行われます。

あの〜、識子さん、言ってることがさっぱりわからないんですけど？　と思われた方、大丈夫です。私もさっぱりわかりませんでした。というか、今もわかっているとは言い難く、ざっとこんな感じなのね〜程度しかわかっておりません。難しいです。

「胎蔵界」と「金剛界」の説明をするのは私では力不足ですので、詳しくお知りになりたい方は、仏教関係の書籍をお読みになることをおすすめ致します。

ここには百科事典などで調べたものを一応書いておきます。

「胎蔵界」とは、

【大日如来の理性の面、仏の菩提心が一切を包み育成することを、母胎にたとえたもの。蓮華によって表象する】

【蓮華や母胎が種子を生育するように、人の仏性を育て、仏とする理法の世界。《大日経》に説く】とあります。

「金剛界」とは、

【大日如来の、すべての煩悩を打ち破る強固な力を持つ智徳の面を表した部門】

【大日如来の智徳はなによりもかたく、すべての煩悩を打ち砕くことからその名がある】

だそうです。

私は正直、「密教には2つの世界があるのね〜」と、この程度の認識です。仏教を極めたいという欲求がないので、詳しく知りたいという知識欲がありません。

細部まで勉強しなくても、仏教という宗教がわからなくても、仏様は差別などなさいませんから、そこにこだわっていないのです。

読者の方の中には、仏教がよくわからない、よく知らない自分は参拝してはいけないのでは？　と尻込みしてしまうような気持ちの方がいらっしゃると思います。そのようなメッセージもたまにいただきます。でも、本当にまったく問題ないです。仏教徒でなくても、何も勉強していなくても、分けへだてなく恩恵を授けてくれるのが仏様です。

空海さんも知識の有無は問わず、宗教も宗派も問わず、心の扉を開いて寄り添う人だったら誰でも救って下さいます。ですから、仏教のことがよくわからないのは決してマイナスではありません。気おくれすることはないと思います。

お賽銭用のお金は持って入るべき

さて、その結縁潅頂ですが、午前8時から受付が始まります。壇上伽藍の金堂《こんどう》で行われるというので、30分前に行きました。関係者の人がテントを張っていたりして準備をしていましたが、誰も並んでいません。あれ？　早すぎたのかな？　と思ったのですが、満車だった駐車場の車に人は乗っていませんでした。

おかしいな、何か間違えているのかな、と思っていると、そこにご夫婦らしき2人が来て、スタスタと根本大塔《こんぽんだいとう》に向かって歩いて行きます。根本大塔には入れるのね、とついて行くと、そこが受付になっていました。根本大塔の中で皆さん並んでいたのです。

ここ、初心者にはわかりづらいと思います。私の場合、たまたまご夫婦が前を行ってくれたから良かったようなものの、早すぎたのね、と一旦車に戻っていたら、最初の回での参加は無理だったと思います。

根本大塔内で受付が始まって列が少しずつ進み、そろそろ私の番、というところでハッとしました。いくらなのか料金（入壇料というらしいです）がわからないのです。「いくらっ？　いくらっ!?」とキョロキョロしましたが、どこにも書かれていません。

受付で聞くのも不粋ですし、料金を聞いてからおもむろにお財布からお金をだす……となると、相手を待たせることになるし、時間がかかるので申し訳ないです。ここは1万円札で払うしかない、と思いました。

私の前にいた女性がサッと千円札3枚を出したので金額がわかったのですが、受付は2名同時にされるので、そのまま握っていた万札を出しました。手提げ金庫のようなものから お釣りを用意しているのを見て、「大きなお札を出してすみませんっ！」という気持ちになったので、千円札は3枚用意して行かれたほうがいいです。

手渡された整理券には「結縁潅頂　第1班」と書かれていました。10分前に金堂に行って下さい、と係りの人に説明されたので、車に戻って少し時間をつぶし、トイレを済ませ

（途中で退席できません）、言われた通りに10分前に行くと……整理券をもらってすぐの時は、10人も並んでいなかったのに、すでに長蛇の列でした。

この順番は実は大変重要で、順番が早い人はサッと終わらせて帰れますが、後ろのほうは自分の番が来るまでが長いです。中で1時間ほど、じっとひたすら待つことになります。ですから、整理券をもらったらすぐに金堂に並ぶことをおすすめします。まだ少ないからいいわね、と思っていると、団体客15人くらいの添乗員さんが列にいたりして、あとからそこに15人が割り込む形になったりするのです。10分前に並んだ私は、後ろから2番目という位置でした（ざっと数えたので正確ではありませんが、私の時は60人余りの人が一度に入りました）。

金堂の前にはテントがあります。臨時の手荷物預かり所です。ということは、手荷物はすべて持ち込みしてはいけないのだな、と思ったのですが、これは私の早とちりでした。海外の美術館などは手荷物一切禁止というところが多いので、それと一緒なのだな、と思ったのです。お堂の中は当然、撮影も禁止でしょうから、カメラやスマホなども車の中に置いていきました。手には車のキーと整理券のみです。

これが大失敗でした……。お堂内は、お賽銭を入れるところがあちこちにあるのです。ここ、重要なので先に説明をしますと、お賽銭は入れても入れなくても自由なので、誰かに何かを言われることはありません。要所要所にいるお坊さんも白い目で見たりしません。

しかしですね、自分がものすごーーーくバツが悪い思いをします。他の人はみんなお賽銭を入れるからです。「私、ケチってるんじゃないんです、お財布を車に置いてきたんです」といちいち言い訳をしたかったたくらいです。そのくらい居心地が悪かったです。

儀式では両手を空けておかねばなりませんから、荷物は持って入らないほうがいいです。しかし、お財布だけは、もしくはお賽銭用のお金だけは持って入ったほうがいいと思います。

結縁の儀式

お堂に入ると、控えの間みたいなところでお坊さんのお話があったり、一緒に真言やお経を唱えたりします。それから次の間へ行くのですが、ここでの待ち時間が後ろのほうだと半端なく長く……なにせ10人ずつしか先へ進めないし、それも長く待って、はい10人、なのですね。私は後ろから2番目でしたから、延々と待たなければなりません。

ただ、その空間は日常生活では味わえない雰囲気で悪くなかったです。大日如来の真言を大勢で唱えているテープがエンドレスで流されていて、それがお坊さんの合唱ですから、なんとも言えない世界が広がっているのです。

大日如来の真言を持っていなかった私ですが、ここでいただくことができました。短いことに加え、何回も唱える場面がありますし、ずっと聞いているので覚えて帰ることができます。

長い時間待ってやっと先に進むと、空海さんと高野明神の掛け軸があるスペースに入ります。ここで順番に一人ずつ焼香をするのですが、ここに！　お賽銭箱があるのです。そして皆さん、お賽銭を入れてから合掌し、焼香します。

きゃ〜、知らなかった〜、どうしよう〜！　と内心大慌てですが、どうしようもありません。お財布がない私はお賽銭なしで焼香しました。一人ひとり時間を取ってゆっくり焼香しますから、他の人がじ〜っと見ています。肩身が狭い思いをしました（泣）。

焼香が済むと、次のスペースで10人が一列に並び、目隠しをされます。手は印を結んで、誘導されるまま歩いて行きます。途中で花（しきみの葉っぱ）を指に挟んでもらって、ここから先は一人ずつ順番に進みます。

少し待つと私の番になり、「つま先がつくところまでゆっくり進んで下さい」と言われます。つま先が何かに当たったところで止まると、

「そこで、腕をまっすぐに伸ばして下さい！」と言われるので、言われるまま腕を前方に伸ばします。

「そのまま花を投げて下さい！」

「はいっ！」

と答えたものの、「でも、無理っ！」と思いました。

手の印は両手をがっちりと組んだものです。2本の中指だけを立てて結んだ印で、その2本の中指の間に花を挟んだ状態です。それで腕をまっすぐに伸ばすポーズをすると……「投げる」のは無理です。肘を伸ばした状態では投げられません。

しかし、言われたからには手早くしなくてはなりません。

たしか空海さんは唐でこの儀式をした時に、曼荼羅図のど真ん中にいる大日如来の上に花が落ちたはず、と思い出し、無謀にも大日如来を狙おうと思いました。となると、思いっきり向こうへ放らなければ届きません。なんとか指先と手首だけで遠くへ放り投げようとしましたが、本人の希望とはうらはらに、実際は中指をパカッと開いて花を落とす、と

これしかできませんでした。まさか神聖な儀式で腕をちょっと曲げる、などというズルはできず、花は私の足元にポトリと落ちました。

そこでサッと目隠しを取ってくれるのですが、花はしっかりと少し向こうの大日如来の上にありました。あの〜、そんなに遠くまでいってないと思います、というのが正直な感想です。

そばにいた2名のお坊さんのうち、一人が目隠しを取って、もう一人が花をすばやく移動してくれたみたいでした。「お大師様と同じく大日如来の上に落ちた、と、そういうことにしましょうね」という思いやりです。花が落ちたところの仏様にご縁を結んでいただく儀式ですので、こうしてもらわなければ私は大日如来様と結縁できなかったのです。素直にありがたい、と思いました。

潅頂の儀式

結縁の儀式は一人ずつ花を投げますので、投げ終わるとそこからは最後まで一人で進みます。次は胎蔵界の大きな曼荼羅が掛けてあるスペースになっていて、お坊さんが説明をしてくれます。聞いているのは私一人ですし、お賽銭箱もあってお礼をしたいと思ったのですが……お財布が～（泣）。ということで、お礼だけを述べて次へと進みました。

最後は4名の阿闍梨が座られているところへ行きます。ここで、阿闍梨が頭に水をつけてくれたり、五鈷杵《ごこしょ》（空海さんの肖像画や仏像が持っている法具です）を渡したり渡されたりの儀式をマンツーマンでしてくれます。

私が当たった阿闍梨はご高齢の、見るからに生き仏という感じのお方でした。空海さんから連綿と続くお弟子さんたちは、こうして民衆に仏様のご加護を目で見える形にして授けてこられたのです。空海さんの時代から続いてきた仏様のお手伝いの歴史を思うと、ありがたくて尊くて涙が出ました。良い体験をさせていただいたと思います。

それなのに、です。私はこの阿闍梨にもお礼ができませんでした……。そうです！　お財布を置いてきたからです。阿闍梨の傍らには小さな箱が置いてあり、お礼をしたい人はそこへお布施を入れられるようになっています。もちろん強制ではありませんから、感謝の言葉だけでも問題はありません。

しかし、こんな貴重な体験をさせていただいた、そのお礼は是非ともしたい！　と自然とそういう気持ちになります。お財布持参、重要です。私はこのあと、金剛峯寺で多めにお賽銭を入れてきましたが、やっぱり阿闍梨にお礼をしたかったです。

この儀式、金堂に入って全員で真言を唱え続けるという場面がいくつかあります。全員で同じ言葉をひたすら唱える……というその雰囲気は、正直「ああ、仏教って宗教なんだな」と思いました。馴染みがなければどうしても違和感があります。しかし、儀式が進んでいくとそのような違和感も消えていき、最後はありがたいエッセンスだけが残ります。

年に2回、5月と10月にしか体験できませんので、この時期に高野山に行かれる方は、一度経験されておかれるのも良いかと思います。

阿《あ》字《じ》観《かん》を体験する

密教の瞑想法　阿字観

高野山は空海さんが「修禅の道場」として選んだ場所となっています。ですから、本来は修行の地というわけです。

修行僧である方の書いたものを読みますと、修禅の中でも瞑想はとても大事と考えておられるようです。仏様を自分自身の中で感じる、および、物質界すべてのものがそのままの状態で仏の役割を持って成り立っていることを実感する、それが真言宗の瞑想だそうです。う～ん、この時点ですでに難しいです。

金剛峯寺公式サイトには【阿字観とは、真言宗における呼吸法・瞑想法です】と簡単に書かれていました。阿字観の本格的なものは誤ると危険なので、必ず師について学ばなければいけないそうです。そのような理由から詳しく書いていないと思われますが、どんなものかイメージしにくいので、ちょっとだけ具体的に書きます。正しい阿字観を知りたいという方は、ご自分で調べるか、真言宗のお寺に行って尋ねることをおすすめします。

阿字観を実践するには段階があるそうです。まず数息観《すそくかん》をやり、それから阿息観《あそくかん》、さらに月輪観《がちりんかん》を経て、最終的に阿字観へと進みます。

数息観は座禅の初心者の修行法で、呼吸に意識を集中する（呼吸を数えます）ことによって精神を安定させる瞑想法とされています。

阿息観も初心者が手軽にできる瞑想法です。こちらは「アー」と声を出しながらやります。声を出すことで呼吸の出入《ではい》りの際に、大日如来の「阿」、つまり大宇宙の響きを感じられる瞑想法なのだそうです。

月輪観は心の中に月輪（満月）を見て、それを徐々に拡大していき、最終的には宇宙と一体になると観想する瞑想法です。

そして最終段階の阿字観は、説明が難しいので百科事典から引用させていただきます。

【阿字は一切の事物の本源であり、それ自体は不生である（本不生《ほんぷしょう》）と観じ、自己の観念をその理に合入することを目ざす。道場を整え、蓮華《れんげ》の台上の白い月輪《がちりん》の中に阿字を描い

た掛軸を掲げ、その前に座って呼吸を整え、観念をその阿字に集中し、心と阿字が一つになったとき、そこに悟りが実現するとする】

というわけで、阿字観は実は大変難しい瞑想法なのです。私たち一般人がさせてもらえる体験は、初心者でも安心の数息観、もしくは阿息観が普通のようです。

総本山金剛峯寺での阿字観体験

阿字観は金剛峯寺で唯一体験できる修行です。宿坊でもできるところがあって、内容はさほど変わらないと思われますが、「金剛峯寺でする」というところに付加価値があるように思います。

拝観料を支払って、お寺の奥まったところまで行くと売店があります。そこで申し込みをするようになっています。体験は阿字観道場（道場といっても和室です。そんなに広くないです）で行われ、ここは通常の拝観では入れない場所となっていますから、何かこう、隠れ家的な雰囲気を味わえるお得感もあります。

道場の正面には梵字《ぼんじ》の「阿」が大きく書かれた掛け軸がありました。この部屋に仏様は安置されていませんでしたから、瞑想によってそこに安置されている仏様を感じるとか、そのような体験ではないです。瞑想によってリラックスしましょう、というコンセプトでした。

私が体験した回は参加者が12名いて、間隔を取って座ると部屋がいっぱいいっぱいになりましたが、ワイワイと楽しかったです。

実際に行ったのは「阿息観」でした。数息観を飛ばしていきなり2番目の瞑想法ですから、なんだか難しそう……な気がするかもしれませんが、堅苦しいものではなくて、「自分が好きな姿勢でやってみましょう」とお坊さんが初歩的なレクチャーをしてくれる、それがこの体験でした。ですからお坊さんは冗談を交えつつ、参加者の瞑想体験なども聞いてみたりして、座談会っぽい感じで始まります。

「好きな格好でいいですよ、ヨガのポーズでもなんでも構いません」と指導されますし、円形の小さな座蒲団が用意されていて、実質20分程度の瞑想ですから、

この渡り廊下の先が道場になっています。

足も痛くならずリラックスしたままで終われます。お坊さんが阿字観とは何か、瞑想のやり方などの説明もしてくれます。

ちなみに警策でバチーンと背中を叩かれるのは別の宗派ですので、金剛峯寺では叩かれたりしません。

座って姿勢を整え、呼吸を落ち着けて、最初は大きな声で「アー」と言います。息が切れるまで言い続け、息が切れたらまた吸って「アー」と伸ばします。この繰り返しです。鐘が鳴らされると、今度は中くらいの声で先ほどと同様に「アー」と言い、これも息が切れたら吸って繰り返し言います。次に鐘が鳴ると、かすかに響く小さな声で「アー」です。そして最後の鐘が鳴ったら、黙って静かに瞑想をします。

お坊さんも入れて13名が狭い室内で大・中・小と声を出してする瞑想は、なぜかものすごく緊張が取れてくつろいだ雰囲気になり、静かに黙っている最後の時間で……ウトウトと寝てしまいました。

アー、アー、アーと繰り返しずっと口にしていると……さらに人の「アー」も延々と聞いていると、自分が出している音が「ア」なのかどうか、わからなくなってきます。「あれ？　私ちゃんとアって言ってる？」「え？　オって言ってない？」と本気で悩みます。

これは不思議な現象でした。音の中に自分が浮いているような、そんな気分になります。瞑想が終わると足などをさすって、体を整えていきます。そこは他のお寺と変わらないのですが、次の所作が金剛峯寺独特でした。なんと、オーラのケアをするのです。

正確には「オーラを撫でるようにして、頭のほうにたくさん行っている血流を下ろす」と説明されていました。お坊さんから「オーラ」という言葉が出たので驚きです。真言宗って考え方が柔軟なのだな、と思いました。

さて、そのやり方ですが、座った状態からまず立ちます。両手をバンザーイと頭上に挙げて、手のひらを内側に向けます。体と手のひらの間には透明のオーラが20〜30センチあると想定して、その「オーラ」を撫でるように手を下ろしていきます。つまり体から20〜30センチのところを上からさわっていくわけです。ゆっくりゆっくりやります。

お腹の位置までできたら、おへそのあたりで両方の手のひらをお腹の前に持っていき、そこで手のひらを下に向けてゆっくり下ろします。これを何回か繰り返します。

この時、私の手のひらは電流が走ったように、ずっとビリビリーッとなっていました。不思議です。しびれるとかではなく、電気が走るのです。この体験で心身ともにリラックスし、気分スッキリとなりました。

この修行体験は、冬期は開催されていませんし、冬期以外でも毎日開催されているのではなく、曜日が決まっています（詳細は金剛峯寺の公式サイトにてご確認下さい）。

1時間のコースで、実際に座禅をするのは20分程度ですから、座禅経験者の方はちょっと物足りないな〜、もっとしたかったな〜、と思うかもしれません。初めて座禅をしてみるという方にはちょうどいいように思います。

数名の人と一緒に、「アー」と声を出しながら瞑想をするのは、自宅で一人でする瞑想と空間が違いますから、普段自宅でされている方も違った雰囲気を味わうために参加されてみては？　と思います。


参加者がもらえるパンフレットに書かれた梵字の「阿」。

授戒《じゅかい》を体験する

仏様の心を持つ「戒」の教え

金剛峯寺から徒歩5分のところにある、大師教会という場所で授戒を体験させてもらえます。金剛峯寺公式サイトの説明によりますと、授戒とは、**【仏さまの示された戒めの教え（戒）を阿闍梨さまから直接授かり法話を頂く儀式です。】**となっています。

この儀式で「菩薩十善戒」というものを授かるのですが、こちらも先に説明をしておきます（金剛峯寺の公式サイトを参考にしています）。

不殺生《ふせっしょう》「生きとし生けるものを殺さない」

威厳を感じさせる大師教会の入口。

不偸盗《ふちゅうとう》「盗んではいけない」
不邪淫《ふじゃいん》「倫理を失った関係を持ってはいけない」
不妄語《ふもうご》「嘘をついてはいけない」
不綺語《ふきご》「お世辞など、無益なことを言わない」
不悪口《ふあっく》「悪罵しない」
不両舌《ふりょうぜつ》「二枚舌を使わない」
不慳貪《ふけんどん》「むさぼらない」
不瞋恚《ふしんに》「怒らない」
不邪見《ふじゃけん》「間違ったものの見方をしない」

多くの方がこの十善戒はどこかで見たことがある、と思われたのではないでしょうか。この10項目をしてはいけないってことでしょ？　と、そのように捉えている方も多いと思います。以前の私もそうでした。しなければいいのね〜、とそう思っていました。

実はこの教えはとても深くて、教えとしては単に「してはいけない」と言っているのではなく、心のあり方を説いています。

戒律という言葉は、「戒」と「律」に分かれます。「してはいけない」というルールを決めた部分が「律」で、「戒」のほうは、人間が本来持っている「仏様と同質の部分（仏心）」のことです。

具体的に説明をしますと、「不殺生」の殺してはいけない、という部分が「律」で、その時の気持ち……殺すよりも他者の命を大事にしてあげたい、そのほうが自分も嬉しい、という心の部分が「戒」というわけです。

「してはいけない」という「律」があって、自分はそれをしない、どうして自分はしないのだろうか？　という理由と言うか、その心の動きが「戒」で、そこが大切なのですね。

嘘をついてはいけないと決まりがある、わかった、嘘はつかないようにしよう、と思うそこに自分の心も入っているわけです。嘘をつくと信じてくれる相手に申し訳ない、嘘がばれた時に相手を悲しませてしまう、そんなことはしたくない、嘘はつくまい、と相手を思う気持ちから嘘はつかない、ということになります。その心のあり方が大事である、と説いているのです。

ただ単に、嘘をついてはいけないと〝決まっている〟から、嘘はつかないようにしましょう、という教えではないのです。

空海さんの生前の言葉に、「戒をたもつ（持戒）」というのはあっても、「戒を守る（守戒）」というものはないそうです。つまり、そのような「仏様と同質の心」を忘れずに常に大事に持っておく、そこが肝要だということなのでしょう。

このように、「仏様の心を持つ、自分の心のあり方」を説くのが「戒」の教えです。阿闍梨のお話では、十善戒を破ってしまう「破戒」よりも、十善戒を知らない「無戒」のほうが断然良くないとのことでした。授戒とは「無戒」から脱出することですから、ぜひ授かることをおすすめします。

空海さんから授かるありがたい「戒」

申し込みをして指定された場所で待っていると、お坊さんが呼びに来られて授戒堂のほうへ案内されます。お堂に入る前に塗香で手を清め（第2章で書きましたように、私は口も清めています）、全員が座ると、扉が閉じられます。そこで堂内は真っ暗となります。

授戒は以前に1回体験したことがあるのですが、どんな儀式だったのか、記憶の彼方に吹っ飛んでいたので今回、再び参加してみました。平日の朝一番だったせいか、参加者は私一人でした。

お堂の正面には空海さんの大きな掛け軸があります。その手前に阿闍梨やお付きのお坊さんが座る場所が設けられています。ちょっと高くなっているので、参加者が床に座ると若干見上げる感じになっています。

金剛鈴を鳴らす音とともに阿闍梨が登場します。暗闇の中で儀式が始まり、途中で阿闍梨からじきじきに「菩薩戒牒《かいちょう》」と書かれた、おふだのような四角く折った紙片をもらいます（折りたたまれた内側には、十善戒が書かれています）。

名前を呼ばれたら正面まで行き、階段を3段くらい上って阿闍梨の前に出ます。そこでいただくのです。もらったら、そのまま下がって元の位置に戻ります。何も難しいことはないのですが……足元が暗いです。しかもそれまでキッチリと正座をしていますから、ちょっぴりしびれたりもしています。

「菩薩戒牒」を無事にもらって、戻る時に「足元、危ないので気をつけて下さい」とお付きのお坊さんが言ってくれました。言い終わったその瞬間に、畳の上に敷いてあった敷物につまずいて転びそうになりました。

ド派手に「おっとっとーっ！」とたたらを踏んで、なんとか転ばずにすみましたが……結構遠くまで行ってしまいました。暗くてシーンとした厳かな儀式の最中です。しかも参加者は私一人ですから、一挙手一投足注目されているわけです。見ていたお坊さんも阿闍梨も「！」となったことと思います。

お付きのお坊さんが「気をつけて下さいね」と言った直後ですから、「足元危ないで、って〝今〟言うたやん？」と思われてるんだろうなぁ、と思うと、顔から火が出るくらい恥ずかしかったです。私ってば人の話をまるで聞いていません。場がシラ〜ッとした、なんとも言えない痛い空気になって、うわぁ、すみません、という気持ちでした。派手に遠くまでピョンピョンと跳んで行ってしまったので、そそくさと慌てて戻りました。

このあと阿闍梨からお話があって、その法話が終わると阿闍梨が退場し、儀式は終了します。

阿闍梨の入場を待つ間、暗闇に空海さんが現れました。

「今日はワシが授けてやろう」と言うのです。3次元で手渡してくれたのは阿闍梨ですが、この日は空海さんがじきじきに授けて下さいました。皆様も参加した時に、暗闇で空海さんにお願いするとじかに授けて下さいます。仏様の心を忘れずにいつも持っておかなければ、と改めて思った儀式でした。

写経を体験する

大師教会での写経体験

これも同じく大師教会でさせてもらえます。写経室はお堂ではなく、建物のほうの2階にありました。受付で用紙をもらって2階に行き、あとは自分のペースで書くようになっています。写経室正面には空海さんの小さな像が置かれていて、入口には塗香が置いてあります。

正座をして書く場所と、椅子に座って書く場所に分かれていますから、自分の好きな姿勢で書くことができます。

写経用紙は金剛峯寺のもので、ごく普通の写経用紙とは違い空海さんのお姿が描かれています。空海さんの波動が入っていますから、書き上げたものを仏様に奉納すると大きな力を持った供養になります。亡くなった人どなたにも、パワーを与えます。

魂を癒す供養であり、あちらの世界でひとつ先に進む手助けにもなるのです。自殺などで囚われている魂だったら救助する力の一部にもなります。写経という供養は、亡くなった人を想う気持ちが込められていますから、亡くなった人にとっては大変嬉しいものです。本当に喜んでもらえます。これは私たち人間が思う以上に効果がある供養なのです。

書き終えて受付に持っていくと、書いた写経を奥之院に納めるかどうか聞かれます。「持って帰ります」と言うと料金は100円です。「納めます」と言えば料金は千円で（平成28年10月現在）、「奉納之証」という証明書をくれます。この奉納之証は10枚集めると心経お守りがもらえ、50枚で片手念珠か金襴巾着袋、100枚で弘法大師御影軸か額装両界曼荼羅図か本連念珠がもらえるそうです。近所に住んでいなければ無理かもしれませんが、10枚くらいだったら達成できそうだな～と思いました。

金剛峯寺の写経用紙は空海さんが描かれています。

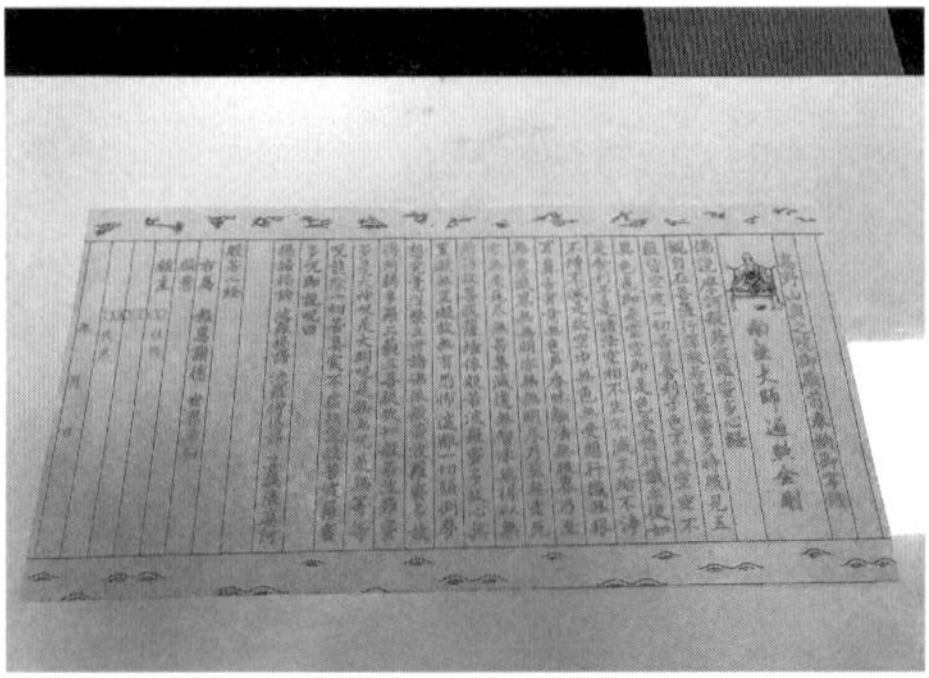

72～73ページにも書いていますが、自分で奥之院に直接奉納することも可能です。

この日、受付にいたお坊さんがとてもおっとりとした親切な方で、お話をしていると心がほんわかとなりました。20歳前後だと思うのですが、年齢は関係ないですね。人格が素晴らしいのだと思います。

「奥之院にある写経箱に、家から書いたものを持って行って入れてもいいのでしょうか？」と確認したところ、にっこりされて「はい、どうぞ」とおっしゃっていました。

自宅で心を込めて写経をしたものを空海さんに奉納できる、というわけです。ありがたいことです。

ここは他のお寺のように、庭を見ながら書

大師教会で写経を奥之院に奉納するともらえる奉納之証（両面）。

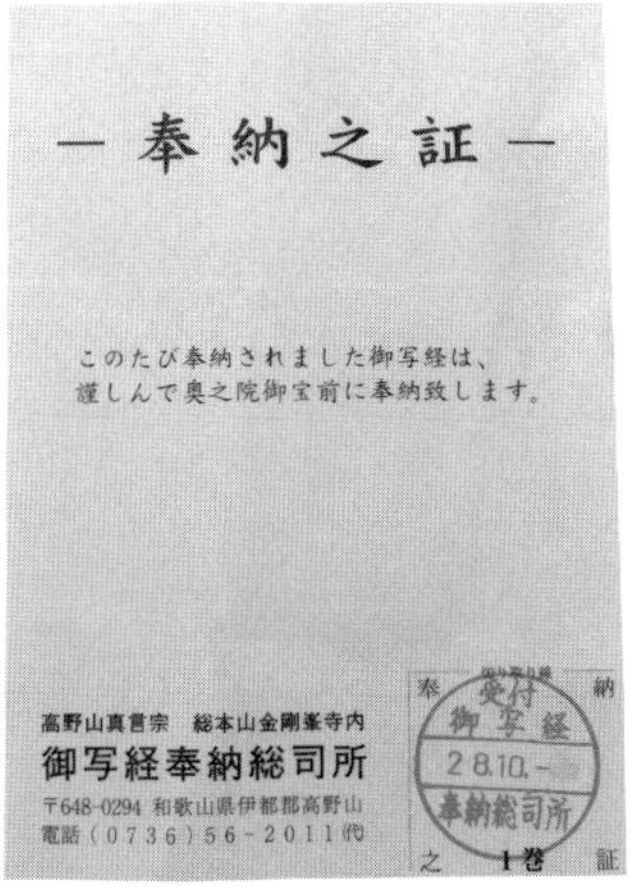
—奉納之証—

このたび奉納されました御写経は、
謹しんで奥之院御宝前に奉納致します。

高野山真言宗　総本山金剛峯寺内
御写経奉納総司所
〒648-0294 和歌山県伊都郡高野山
電話（0736）56-2011代

奉納之証
受付
御写経
28.10.-
奉納総司所
1巻

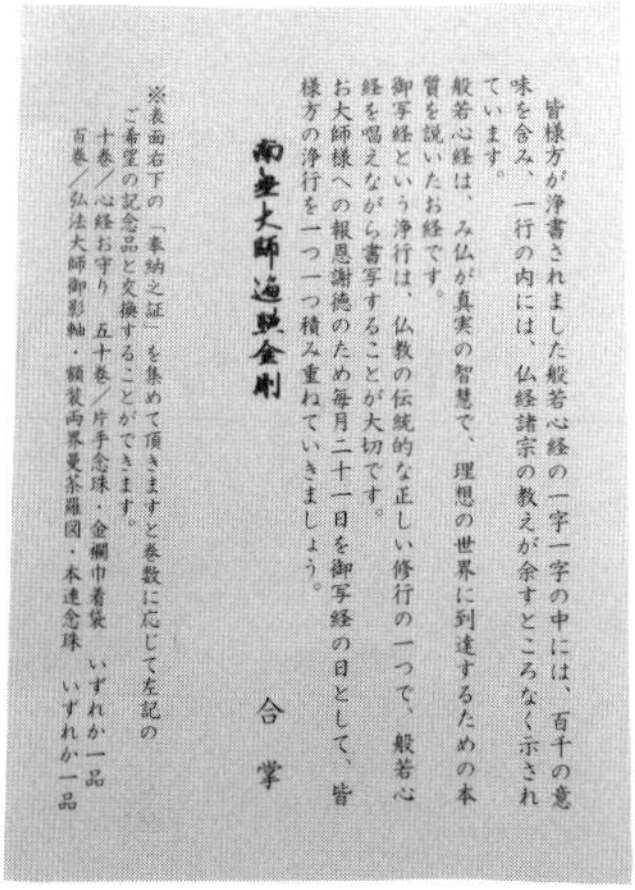
皆様方が浄書されました般若心経の一字一字の中には、百千の意味を含み、一行の内には、仏経諸宗の教えが余すところなく示されています。
般若心経は、み仏が真実の智慧で、理想の世界に到達するための本質を説いたお経です。
御写経という浄行は、仏教の伝統的な正しい修行の一つで、般若心経を唱えながら書写することが大切です。
お大師様への報恩謝徳のため毎月二十一日を御写経の日として、皆様方の浄行を一つ一つ積み重ねていきましょう。

合掌

南無大師遍照金剛

※表面右下の「奉納之証」を集めて頂きますと巻数に応じて左記のご希望の記念品と交換することができます。
十巻／心経お守り　五十巻／片手念珠・金襴巾着袋　いずれか一品
百巻／弘法大師御影軸・額装両界曼荼羅図・本連念珠　いずれか一品

くとか、お堂の中で書く、仏様の前で書く、という環境ではありません。写経室はごく普通のお部屋でした。しかし、高野山という空海さんが張った結界の中で、写経ができるのです。一字一字ゆっくりと、誰かあちらの世界の人を思いながら、写経をしてみるのも素敵な思い出になると思います。空海さんに奉納すれば、ちゃんとその人に〝空海さんが〟届けて下さいます。

第 4 章

空海さんと神様

山里の神様

高野山と関わりが深い丹生都比売《にうつひめ》神社

高野山と深い関係がある神社です。

空海さんが高野山を開く際に、地主神であるこの神様から神領を譲られたのだそうです。それで空海さんはこの神様を高野山の鎮守として勧請し、祀ったことになっています（高野山では〝丹生明神〟と呼ばれています）。ですから高野山の壇上伽藍の中には、この神様を祀ったお社（御社《みやしろ》）があります。

どのような神様がいらっしゃるのか……勧請元の神社のほうに行ってみました。

本殿は4殿が連なっていて美しいです。

丹生都比売神社は高野山から車で30分の場所にあり、周辺はのどかな山里でとても景色の良いところです。過去世のどこかで見たような、なんだかホッとするような、そんな田舎の風景です。空海さんの時代の「気」をかすかに残していました。

山里と言っても、山の麓の奥まったところというか、こんなところに神様がいるの？と思うような場所でした（私は高野山のほうから行ったので、このような印象を持ったのかもしれません）。

現代でもアクセスが良いとは言い難く、空海さんがいた当時は道路も車もありませんから、訪れるのは今よりももっと大変だったと思います。そのような場所にいる神様を見つけた空海さんはやっぱりすごいです。

駐車場に車を停めて表参道から入ると、赤い太鼓橋が目に飛び込んできます（口絵⑯）。優美な姿の橋だなと思ったら、淀君の寄進だと書いてありました。

その橋を何も考えずにとっとっとっ、と上って行くと、上に行くにつれて向こう側が見えてきます。徐々に楼門が見えてくるのですが、楼門を含めた境内がしっかり見えるところまでくると、「うわぁ、強い神様がいらっしゃる！」とわかります。そばまで行かなくても、目で見てわかります。それくらい強いです。

楼門を抜けて、まず拝殿で手を合わせました。祝詞《のりと》を奏上してから、丁寧にご挨拶をします。その後、拝殿左側へと大きくまわり込みます。4殿が連なった本殿を、美しく見ることができる場所がそこにあるからです。

超古代の女性の神様

神様は凛とした感じで鎮座していました。

まず「空海さんに高野山を与えよう、と神様からおっしゃったのですか？」と聞いてみました。伝説だと、神様のほうから土地を差し出したことになっているのです。

返ってきた答えは、そうではなく、空海さんのほうが「仏の聖地を作ろうと思います、どうかあの土地を使わせて下さい」と、許可を取りに来た、でした。神様のほうから進んで与えたわけではないそうです。

ここの神様は山岳系ではありません。私はてっきり山岳系だと思っていたので意外でした。女性の神様となっていますが、たしかにはっきり女性の姿で現れています。

「私には女の神様に見えます。山岳系ではありませんよね？」と確認をすると、

「山の神ではない」とのことでした。

私の見た印象では、長野県にある諏訪大社下社秋宮にいた女性の神様と似ています（詳しくは拙著『神社仏閣は宝の山』に書いています）。髪型も雰囲気もそっくりなのです。

そこで、「あの神様と似ていらっしゃいますね」と言おうとしましたが、うろ覚えの大天才の私は、肝心の神様の名前が思い出せず、というか「やさかナンチャラの神様」と一部しか記憶がなく……え～っと？　名前はなんだっけ？　あれれ？　なんだっけかな？　ん～と？　と悩んでいると、神様はしびれを切らし、私の頭の中の映像を見て、「同じ時代だ」と教えてくれました（地上で生きていたのが、という意味です）。

ああ、やっぱり！　なんだか性格も似てるな～、と思いました。

次に、高野明神と言われる神様について聞いてみました。高野明神とは、空海さんが仏の聖地を作るのにふさわしい場所はないかと探していたところに現れた神様です。人間の狩人に化身していて白と黒の犬を連れており、犬とともに空海さんを高野山へ導いた、となっています。そしてそこから、この丹生都比売神社の神様に土地を差し出された、と話が続くのです。

あちこちで見る高野明神はおじいさんの姿が多く、おじいさんの神様なのかと聞くと、「氏神」だと言います。このような神だ、と見せて下さったのは若い男性の姿でした。若くして亡くなった人みたいです（丹生都比売の神様より時代はずいぶんあとです）。この神様が氏神として小さな土地を守っているのだそうです。

丹生都比売の神様はもっともっと広い範囲の地域の神様で（その中の一部が高野明神の守る範囲です）、それはもしかしたら諏訪大社と同じパターン？　と思った私は質問をしてみました。

ちょっとここで説明をしておきますと、諏訪大社上社本宮の神様は古代の男性で、どこか遠いところから諏訪に流れてきていました。男性は諏訪にクニを作るのですが、クニを作るにあたって、当時すでに神様になっていた下社秋宮の神様にいろいろと土地について尋ねているのです。クニ作りに関してアドバイスをもらっています。

そのような感じかな、と思い、空海さんが土地について……たとえば、水のこととか、作物や天候、ここに住む人々のことなど、あれこれ聞きに来たのですか？　と質問してみたのです。

すると、そうではない、と言われました。仏の聖地を作りますと、その許可だけを取りに来た、のだそうです。

丹生都比売神社の場所は私の感覚では高野山から離れています。そこに許可を取りに来た、ということは高野山に近い山に神様はいないのだろうか？　と思いました。その疑問を思いついたまま質問すると、神様は「は？」みたいな雰囲気で言いました。

「会ったことがあるだろう？」

「え？　あ、そうそう！　いらっしゃいました！　裏の山に！」

私は奥之院の裏手の山に登ったことがあります。もう10年くらい前のことなので、完全に記憶の彼方、すっかり忘れていました。御廟の背後の山には山岳系の神様がいたのです。

丹生都比売の神様も、あそこに山の神がいる、と教えてくれました。

空海さんはその山岳系神様にも、近隣の山岳系神様にも、ちゃんとすべて挨拶に行ったそうです。現代に伝わっていないだけだ、とおっしゃっていました。

高野山の裏手の山は高野山の町よりも高い位置にあります。空海さんは、仏の一大聖地を作るので（高い山の上から）守って下さい、とお願いしたそうです。氏神様も丹生都比売の神様も高野山という仏の聖地に勧請できますが、山岳系の神様はできません、と言うか勧請しても行かないのです。よって、山の上から見守って下さいとお願いをしたようです。

丹生都比売の神様が、

「空海は神を見る力があった、だから周辺の神には漏らさず挨拶に行っている」と言っていました。このような人間はなかなかいない、とも言い、面白い男だったぞ、とそこで大笑いしていました。その笑いの理由を知りたいですぅ、と思いましたが、噂話になってしまうので聞くのは自粛しました。

「やはり、空海さんはそのような力を持ったお方だったのですね」

「まぁ、お前もそうだが……お前はまだまだじゃ」

「はい。全然まだまだです。今生だけでは到底足りないと思います」

壇上伽藍にある御社には眷属《けんぞく》を遣わして守らせているそうです。何か行事が催される時は神様ご本人が行く、とのことでした。

竹を割ったような性質の神様

ひと通り話が終わって、次は何を聞こうかな、ええっと、ん～と……とモタモタ考えていたら、神様はくるっ!! と踵《きびす》を返し、衣をひらひらさせて社殿へと入って行きました。きゃ～、神様待ってー、まだお話が～、と思いましたが、惚れ惚れするようなきっぷの良さです。

諏訪大社の秋宮の神様もそうですが、この丹生都比売の神様もサバサバした女性だったようです。男前な性格と言いますか、スパーンと竹を割ったような感じです。女らしく、おとなしく、なよなよと、控えめに、とそういった部分はまったくありません。

諏訪大社秋宮の神様と丹生都比売の神様が、たまたま同じ性格だったとは思えず、超古代の日本の女性はみんな、女はこうあるべきという現代のような考えがなかったのかもしれません。堂々とした女性で、なんとも頼もしくカッコイイです。颯爽としています。

神様が本殿に消えたので戻ろうとしたら、拝殿のほうから楼門へ走っていく、とても大きな白い犬が見えました。えーっ、あんな大きな犬を放し飼いにしてて大丈夫？　と思ってよく見ると、犬は神獣でした。眷属なのです。なんだか楽しそうに走っていました。


この神社は超おすすめです。神様の波動も高くて強く、境内はさっぱりした「気」で気持ちいいです。眷属が優しいため、あたたかくまろやかな「気」も流れています。あ〜、爽やか〜、ここに立つだけで十分、と思ってしまう神社です。高野山に行って仏様の世界にどっぷり浸かるのもいいですが、気分を変えてここで神様の世界に浸かるのもいいです。

橋本駅や高野山からは、お正月や行楽シーズンだったら臨時バスが運行されることがあるそうです。神社のバス停には1日2本の時刻が書かれていました。かつらぎ町コミュニティバスだと、笠田《かせだ》駅から1日数本走っているみたいです。

あとから述べますが、嶽弁天さんもとっても素敵な神様で、神様を見る目があった空海さんはやっぱりすごいお方だったのだ！　と改めて思いました。

ちなみに高野明神はここでは見えましたが、高野明神の神社とされる「丹生官省符神社」では、私には見えませんでした。神様の「気」が非常に薄かったです。高野山の壇上伽藍にある御社ではお姿も見えましたし、声も聞こえました。

丹生都比売神社
和歌山県伊都郡
かつらぎ町上天野230

さっぱりとした「気」に満たされた境内。

山岳系の神様

荒神社（通称　立里荒神社）は障りを与える神様？

私はこの神社の存在を知りませんでした。それが驚くことに、2回目の取材に行く前々日に読者の方からメッセージをいただいたのです。荒神社を知っていますか？　と。その方も知らなかったらしく、ご主人のお母様に教えてもらって一緒に参拝したそうです。

メッセージには「空海さんが高野山を開山させる際、ここの神様をお祀りすることを約束し、空海さんは生涯に渡り毎月足を運んだそうです。車で行くのも大変なのに、当時は歩いて行かれていたのかと思うと頭の下がる思いです。さらに、後世のお坊さん達が今もずーっと空海さんがしてきたことを引き継いで、神様との約束を守り続けていると思うと、胸が熱くなりました」と書かれていました。

不思議なことはよく起こりますが、2回目の取材の前々日というところがすごいです。

それも23時を回っていましたから、ほぼ前日です。この神社を参拝するためには、若干予定を変更する必要があったのですが、前日の朝イチに連絡ができたので、レンタカーの時間変更もスムーズにいきました。

あと1日遅かったら今回の本には書くことができませんでした。というのは、すごい山奥にある神社だからです。冬季は車での参拝は難しいように思います。

先にこの神社の説明から致しますと、ウィキペディアにはこう書かれています。

【この神社は弘法大師空海が高野山を開山する際に、伽藍繁昌密教守護のため板に三宝荒神を描いて古荒神の地に祀るとともに、壇上の鬼門にも荒神を勧請して高野山の大伽藍を建立したとされている。それゆえ、三宝荒神を祀るようになったのが始まりであり、その後は、高野山と結ぶ神仏習合の宮として、明治初年まで宝積院と称し、高野山地蔵院末と鐘楼堂を備えていたという】

2015年に遷宮祭が行われ新しくなっている本殿。

神社にある案内板では以下のように説明されています（ネットに載っていたので現地に行く前に読みました）。要約しますと……。

空海さんが伽藍を開基しようと初めて高野山に上り、地鎮の法を行っていたら邪魔をするものが現れました。「汝は何者ぞ？」と空海さんが聞くと、荒神ヶ岳に住む神だと言います。さらに、自分を祀れば三宝荒神として一切の邪魔はせず大願を成就させる、とも言います。空海さんが板に三宝荒神の姿を描いて御神体として祀ると、障りが一切なくなったため、空海さんは生涯にわたって毎月参拝をした、というお話です。

一体、どんな神様なのだろう？　と興味シンシンでした。

空海さんがもったいないと勧請した神様

参拝当日のお天気は晴れで、翌日は未明から雪が降るという予報でした。この日はぽかぽかと暖かくて平地を走っている時の気温は10度だったのですが、山岳地帯に入るとどんどん温度が下がって、5度になり、3度になり、立里荒神社への分岐点では0度になっていました。

分岐点からは急な傾斜の坂を登って行きます。こう書くと、ああ、坂道を登るのね、としか思わないかもしれませんが、角度が半端ないです。車なのに、「よっこらしょ」と言いながらハンドルを切りました。それくらい勾配がきついです。路肩には雪が残っていて、平地では10度でしたから、雪が残っているのは珍しいな、写真を撮ろうかな、などとのん気に考えていると、徐々に雪は増えていき、頂上付近では道路が所々凍結していました。

車の温度計は0度までしかないし、スマホで確認していませんから正確な温度はわかりませんが、マイナス2～3度だったと思います。写真を撮る時に手が痛くて「素手をさらすのは危険！」という寒さだったからです。足元の土や雪もガチンガチンに凍っていました。

駐車場から本殿まで10分程度、石段を登ります。参道には鳥居がずら～っと並んでいて、伏見稲荷大社の千本鳥居を思わせます。色は赤ではありませんが、鳥居のトンネルが続いている光景は風情があって、山の中にある神社だけど信仰している人が多いのだなと思いました。

本殿はこじんまりとしていて一昨年に建て替えられているため建物自体は新しいです。本殿前が清らかな空間となっていて、高波動をいただくためには長くいたほうが良いのですが、冬に行くと寒さが厳しいです。

空海さんにわざと障りを起こし、「自分を祀れば障りをなくして守ってやる」などと悪辣な言動をしたことになっていますが、ここの神様はそのような神様ではありません。

「何を聞きたいのか？」と優しく言葉をかけてくれたので、

「空海さんとの関係を教えて下さい」とお願いしました。

「空海から聞かなくて良いのか？」

「神様にお聞きしたいです」

と、このようなやり取りのあと、以下のお話をしてくれました。

空海さんは高野山を開く時に周辺の山を歩いてまわりました。それは1回まわったきりで終わったのではなく、何回も足を運んだそうです。そして神様を見つけては挨拶をし、守護をお願いしていました。

荒神岳に来た時にこの神様を知り、高野山を仏の山

伏見稲荷大社の千本鳥居のような鳥居は、塗りがなく原木に近い木が使われています。

にします、よろしくお願いします、と挨拶をしました。当時、この神様にはお社がありませんでした。ですから、人々はこの山に神様がいることを知りません。せっかくお山に神様がいるのに誰も気づいていないのです。

もったいないと思った空海さんは、「手を合わせる場所を作らせていただきたい、どうか人々をお救い下さい」と申し出たそうです。熱心に、ぜひ作らせてもらいたい、と言うので、神様もオーケーしたみたいです。そのような経緯で拝む場所ができ、人々がこの神様を信仰するようになったとのことでした。

つまり空海さんが見つけて祀った神様なのです。今はカマドの火の神様ということになっていますが、山岳系の神様です。強いです。

そこで空海さんが来てくれたので質問をしてみました。

「伝承では神様の姿を板に描いたとなっていますが……本当ですか？」

この時の心境は、神様の尊いお姿を？　〝板〟に？　その言い伝えホント？　でした。

空海さんは、

「板に描くわけがないだろう」と苦笑していました。

ちゃんと木像を作ったそうです。神様を人間の姿で表現する木像をお社に安置することは、当時、風習として普通だったらしいです。さらに空海さんは鏡も奉納しています。

この話を聞いてやっと腑に落ちましたが、瑣末なことはこの際どっちでもよく、空海さんが祀った神様であることは間違いありません。


この神社には龍の眷属がいると空海さんが言うので、キョロキョロと探してみましたが、見当たりません。そこで、龍がどこにいるのか聞いてみると、神様が「今はいない」と言います。

「少し待て」と言って、どこかから呼んでくれたようで、そのあとに1回だけ泳いでいる緑色の龍が見えました。ひゅ〜〜〜ん、と空を横切って飛んで行きました。停止はしてくれませんでした。非常にクールな龍です。

神様が言うには、龍は神社の上を四六時中グルグルと旋回しているのではない、とのことです。あ、そうなんだ、と当たり前のことですが、言われて初めて気づきました。

好きなところ（たとえ遠くても）に飛んで行くのだそうです。飛んで行ったり戻って来たり、気分次第で神社にじっといることもあれば、神社上空をグルグル飛んでいることもある、と言っていました。やっぱり龍は自由気ままなのだな〜、と思いました。

立里荒の神様は山岳系ですので、基本なんでもお願いは聞いてもらえます。力があります。山々を巡回していた時に空海さんはこの神様と出会い、強い力があってこんなに優しい神様を拝まないのはもったいないと思ったのではないでしょうか。私もそう思います。

立里荒神社は高野山から車で1時間弱のところにあって、高野山からバスも出ているようです（予約制になっていました。南海りんかんバスです）。

この神社は空海さんが創建していますが（最初は小さなお堂だったようです）、高野山の「気」には縛られていません。説明が難しいのですが、丹生都比売神社は高野山と関連していると言うか、セットっぽくなっていると言うか、パイプが繋がっています。

しかしここは独立した……と言うのも変ですが、高野山とは繋がっていない、ごく普通にある神社となっています。神様を見る目がある空海さんが見つけた神様です。ちょっと足を延ばして参拝されてみてはいかがでしょうか。

荒神社（立里荒神社）

奈良県吉野郡野迫川村池津川

高野山の神様

清高稲荷大明神

高野山にあるお稲荷さんです。有名ではないので知らない人も多いのではないかと思います。金剛峯寺から奥之院へ行く途中、右手に赤い鳥居が見えます。赤いのぼりも立っていますから、ひと目でわかると思います。その参道を登って行きます。

参道の入口付近の鳥居は赤く塗られていて、そこそこ美しいのですが、奥に行くにつれて古びた鳥居になり、朽ちたものがあったり、キノコがはえていたりします。信仰する人が少なくなってきているのかなと思いました。この神社がある場所は、湿気がすごかったので仕方がないことなのかもしれません。

先に写真を撮らせてもらおうと、「お社の後ろを見せて下さい」とお願いすると、「挨拶が先だ」と眷属に言われました。

そこで先に手を合わせ、祝詞を唱えていたら神様が見えました。社殿の空間の中にいる大きなキツネ姿の神様です（口絵⑰）。そのキツネがくるんと丸くなって、向こうを向いて寝ています。

あ、神様だ、と思いましたが、毛の色が茶色くなっており（信仰が少ないためだと思われます）、毛ヅヤもかなり悪くてパサパサです。

私が唱える祝詞を聞くと、すっくと起き上がってこちらを向きました。

このお稲荷さんは空海さんが勧請したとか、平安時代の終わり頃に勧請されたとか、諸説ありますが、正しい由緒は不明です。そこでお稲荷さん本人にいつ頃来られたのか聞いてみると、

「江戸時代」と言っていました。勧請されて来たのだそうです。

「ここは居づろうてなぁ」とも言います。

そうだと思います……。なにせ仏様の山なのです。

入口付近の鳥居はきれいに塗られているのですが……。

しっかりと「気」を……言い換えれば、結界を張っていなければいけないように思います。信仰が足りなくなるとエネルギーが十分でないため、ちょっとしんどいのかもしれません。

「帰りたいがの〜」とも言っていましたが、神様は勧請されて来たからには、その場所を動いたりしません（まれに例外もありますが）。というのは、勧請は一種の〝約束〟になるからです。

「だからここに居るんだが……」と、このお稲荷さんも言っていました。

神様は一度約束をしたら決して破りませんから、今も律儀に鎮座しておられるのでした。

「私が本に書いても、皆さん1回きりの参拝しかできないです。遠いところから来る人ばかりなので……」と言うと、

「それでもいいから来てほしい」と言っていました。

本当に1回きりでもいいのか何回も確認して、さらにもっと参拝者が少なくなった時に、その方々に参拝に来いなどと言わないで下さいねとお願いし、「約束して下さい」とまで失礼を承知で言いました。

お稲荷さんは「約束する」と明言してくれましたので、1回きりの参拝でも大丈夫です（願掛けをして叶った場合は別です。必ずお礼に行って下さい）。

応援だけの参拝でもいいのでしょうか？　と聞くと、それでも構わないのだそうです。

とにかくお参りに来てもらいたいみたいです。

「私の本の読者の人は優しい人が多いんです。もしかしたら、お酒やお赤飯やいなり寿司なんかを持って来てくれるかもしれません」と何気なく言うと、お稲荷さんも眷属も、ものすごーーーく嬉しそうにしていました。

そうか、そういう人が来てくれるか♪　みたいな感じでした。

「見てみなさい」と言われて、お社の前にある台の上を見ると、これ、いつ奉納したん？というような古いお酒や水などがそこにありました。半年前？　という古さです。

「開けてくれ」と言うのでよく見たら、しっかりフタが閉じたままのワンカップのお酒がありました。

「開けてもいいですけど、古いのではありませんか？」と言いつつ、アルミのフタを開けて差し上げました。

お供え物は、フタを開けたり包みを破らないと神仏には届きません。そして、お供え物は必ず持って帰ります。神仏の前に置いたものは参拝者本人がそこにいる間はお供え物ですが、置いて帰ると〝ゴミ〟になります。神仏の前にゴミを置きっぱなしにしてはいけません。大変失礼な行為ですし、あとでそのゴミを誰か他人に片付けさせるわけです。良くない行為です。

その日、そこにはスズメバチの死骸もありました。神様に、「さすがにこれは、よう片付けません、すみません……」と謝ると、「お前が悪いのではないから良い」と優しい言葉をかけてくれました。

毛ヅヤが悪くなって、色も茶色になっていますが、あのサイズの大きさだったら力はあると思います。「神様、応援に来ました〜」という信仰心が少しでも集まると、パワーを取り戻していくように思います。

帰りも鳥居をくぐって戻って、最後の赤い鳥居を一歩出た瞬間に、周囲が仏の世界になりました。つまり、お稲荷さんの境内は、頑張ってお稲荷さんの「気」を保っているのです。

私が神社にいる間、日本人は一人も来ませんでした。60代くらいの白人夫婦と、イタリア人っぽいカップルが来ただけです。当然、外国人ですから手も合わせませんし、写真を撮るだけでさっさと帰りました。最後に境内を振り返ると、お稲荷さんも眷属もなんだかとても寂しそうでした。

多くの観光客が訪れる高野山の片隅に、このようなお稲荷さんがいることも知っていただきたい、と思います。

清高稲荷大明神

珠数屋佳兵衛（和歌山県伊都郡高野町大字高野山759）横の鳥居入る

白髭稲荷大明神

奥之院の朝の勤行は燈籠堂内での儀式が終わると、メインのお坊さん以外の4名が燈籠堂の周りにあるお堂と御廟を順番にまわって、お経や真言を唱えます。空海さんの御廟の前では般若心経を唱えたあと、真言をいくつか言っています。

その真言の中に「南無白髭稲荷大明神」と聞こえる真言があります。

はて？　どうして空海さんにそのような真言を奉納しているのか？　と謎でした。そこで帰宅してから調べてみると……。

御廟は玉垣というか、瑞垣《みずがき》で囲まれているのですが、その瑞垣の中……つまり御廟の敷地の中には空海さんの御廟だけでなく3社のお社があるそうです。丹生明神（丹生都比売の神様）、高野明神（空海さんを高野山に導いた神様）、そして白髭稲荷大明神です（こちらはお社ではなく祠《ほこら》のようです）。

御廟の中に、丹生都比売の神様と高野明神を祀るのはわかりますが（この2柱の神様は壇上伽藍にある御社にも祀られています）、その白髭稲荷はどうして？　と疑問が湧きます。

さらに調べると、このお稲荷さんに関しては曖昧な情報しかなく、空海さんが直接交渉して守護神になってもらったとか、お稲荷さんが稲を担いでお祝いにやってきたとか、そのような話しかありません。ウィキペディアにはこう書かれています。

【823年に嵯峨天皇より、東寺を下賜されたときに「密教と国土の安泰」を稲荷大明神に契約されたという伝承「稲荷契約事《いなりけいやくのこと》」があり、真言宗寺院では、守護神・鎮守神として「稲荷大明神」を祀ることが多い。御廟の西側の大杉の穴に住む白狐の霊験談が「紀伊続風土記」にあることから、「白狐の信仰」と「稲荷契約事」の伝承が結びつき、明治時代に神格化され、白髭稲荷大明神として奉祀されたと推察される】

昔からあったわけではなさそうで、でも空海さんと縁がある白狐がいるのかもしれないと思いました。これはもう、行って自分で確かめるしかないと思い、2回目の取材に行ったのでした。

奥之院の御廟の前では、まったくお稲荷さんを感じることができませんでした。おばちゃんが読経していたので、アンテナをうまく合わせられないのだろうと思った私は、神様と空海さんに聞くべく弁天岳に登りました。あとから書きますが、高野山の西の端にある弁天岳（嶽弁天）の神様はとても優しくて、そこで空海さんを呼べば必ず来てくれます。

結果から言うと、お稲荷さんは空海さんが生きていた時からそばにいたそうです。

嶽弁天の神様のお話ですと（丹生都比売神社で聞いた話と重なりますが）、空海さんは「仏の聖地を作ります」と近隣の山々や里にいる神様一柱一柱に挨拶に行ったそうです。

神々が住まう山岳地帯、神様の世界となっている土地、そこに仏の山を作るのだから挨拶をするのは当然であり、空海さんは許可をもらってまわったのだそうです。

そこで神様に「見てみなさい」と言われ、顔を上げると周辺の山々が見えました。たくさんの山があります。高野山は本当に山に囲まれた土地という感じでした。空海さんはそのすべての神様に挨拶に行ったそうです。なるほど、なるほどと思いながら聞きました。

「しかし、稲荷は違うだろう？」と神様が言います。

たしかにお稲荷さんは、山にいる山岳系の神様ではないし、土地を守っている神様でもありません。つまり……空海さんが挨拶に行かなければいけない神様ではないわけです。

空海さんのほうからお願いして白髭お稲荷さんに来てもらったという説もありますが、神様によると空海さんは自分から挨拶には行っていないそうです。

このお稲荷さんは、お稲荷さんのほうから、空海さんに「仕えたい」「手足となって働きたい」と申し出たらしいです（当時は眷属クラスだったと思われます）。

はははぁ、なるほど、と空海さんが生きているうちはそれで話はわかります。しかし、空海さんが入定してからは仏様になるわけで……仏様にお稲荷さんが子分としてつく、とかアリ？ と思いました。すると、「荼枳尼天《だきにてん》に稲荷（眷属）がついているのは知っているだろう？」と言われました。

あ！ そうだ！ そうでした、とここで思い出しました。豊川稲荷東京別院でその様子をしっかり見たのです（詳しくは『「神様アンテナ」を磨く方法』に書いています）。

白髭お稲荷さんは、今は御廟にはいないそうです。自分専用のお社があるのでそちらにいるということでした（多分、どこかに勧請されたお社があるのではないかと思います）。

そしてあちこちにある分霊された白髭稲荷は、白髭お稲荷さんのたくさんいる子分の中からそれぞれ入っている、ということでした。

でも大昔は御廟の中にいたそうです。空海さんが眷属として使っていたからです（今も使っているのかどうかは聞き漏らしました……すみません）。

「大昔はちょこまかと走り回って、よく働いていたぞ」と嶽弁天の神様がほっこり笑っていましたので、性質も良いお稲荷さんだったのだと思います。しかも、ものすごく働き者だったらしいです。それで徳を積み神格を上げて大きくなった、ということでした。

今は結構大きなお稲荷さんになっているそうです。

嶽弁天　高野山イチオシの場所

高野山での私のイチオシはこの神社です。その理由は、どこよりも空海さんと深く繋がることができる特別な場所だからです。

高野山内だったらどこにいても空海さんと繋がることはできます。呼べば来てくれます。しかし、はっきり姿が見えてしっかり聞こえる場所となると、そう多くはありません。しかも、それが長く続く……そのような場所はここしかないように思います。

ここはパワースポットですから、その力が強く作用していて、境内だけでなく登山道でもずっと空海さんと繋がることができます。第1章で書いた空海さんと楽しい会話を交わしたのはこの神社の境内、および登山道です。

私はこの本の取材で2回登りましたが、2回とも空海さんを独り占め！　という状態でした。空海さんとデート♪　という心境で楽しかったです。この場所だったら何かしら空海さんを感じられるものが、どなたにもあるのではないかと思います。

空海さんは絶対に差別などなさいませんから、私の時と同じようにそばにいて一緒に歩いてくれます。こちらからの語りかけをすべて聞いていますので、なんらかの方法で返事をくれることと思います。

高野山の入口である大門の横に、弁天岳への登山口があります。その山頂にあるお社が嶽弁天さんです。金剛峯寺のサイトでは「嶽弁才天《だけのべんざいてん》」と書かれていますが、現地にあった道石には「嶽弁天登山道」と書かれていましたし、私は嶽弁天さんとお呼びしているので、こちらで統一したいと思います。

嶽弁天入口の鳥居。ここから先が空海さんともっとも繋がれる場所です。

嶽弁天さんは神様です。が、しかし、仏様の要素もいくらか兼ね備えています。非常に珍しい神様です。一応、お社は神社形式になっていて鳥居が立てられ、狛犬もいましたし、お社には千木《ちぎ》（社殿の屋根の両端にある×の形に交差している部分です）も組まれていました。

嶽弁天さんに「高野山に水を供給していらっしゃるのですか？」と聞いてみました（そのような言い伝えがあるのです）。

すると、「自然界のことも含め、ここから守っている」という答えが返ってきました。嶽弁天さんのいる山からは眼下に高野山の町が見えます。大事に守っているという感じがしました。

でも……と私はそこで考えました。高野山には仏様がたくさんいます。わざわざ神様に守ってもらわなくても大丈夫なのでは？　と疑問に思っていると、「作用する世界が違う」とのことでした。神様が影響を与える部分を受け持って守っているようです。

嶽弁天さんのお社に向かって左側に大木があります（口絵⑱）。その木の前に立つと、この場所がすごいパワースポットであることを実感しやすいです。そしてとても強い波動も感じられます。

「高野山とは雰囲気が違いますね」と感想を言うと、

「ここも高野山だが〜」と神様は笑っていました。

「あ、そうでした、うふふ」となんだかすごくほっこりした楽しさです。

高野山の仏様の世界とはまったく違う「気」が流れていて、嶽弁天さんの境内は神様の「気」、神様の波動です。そしてこの山頂はとにかく気持ちが良いです。明るく元気になるエネルギーをもらえて、包み込むような優しさを持った神様のおかげで心の傷も修復されます。神様と空海さんがダブルで癒してくれる、そんな場所なのです。

「ここはパワースポットなのですね」と言うと、だから空海さんはここに嶽弁天さんを祀ったという話をしてくれました。つまり空海さんは、お社も何もないただの山だった時に、ここがパワースポットと知っていたのです。土地の力があるところに神様を勧請する……すごいなぁとここでも空海さんの偉大さを思いました。

そこで「ん？」となって、

「え！　じゃあ、後付けじゃなく、本当に空海さんが勧請して祀ったのですか？」と聞くと、

「そうだ」とのお返事でした。

この日、私は心に引っかかる悩みを抱えていました。それを事細かに……なかば愚痴るような感じで神様にお話をして、「というわけなんです〜」と困った状態であることを伝えました。すると嶽弁天の神様は、

「小さいことにこだわるな」と言います。正確に言うと、ちぃ〜〜〜さいことにこだわるな、とのことで、言い方から判断すると「それは豆粒くらいの悩みってこと？」と思いました（今、振り返ってみるとゴマ粒くらいの悩みでした）。

小さなことにこだわるとロクなことがない、小さいことはこだわる必要がないものがほとんどである、とも言っていました。小さなことばかりにこだわっていると、人生がしんどくなるぞとアドバイスをしてくれました。そして最後に、

「こだわるな。大丈夫だから」とつけ加えていました。結果は神様が言う通り、まったく気にする必要がなく、心を痛めて心配することではなかったのです。私は無駄にくよくよと悩んでいた、というわけです。

空海さんと一緒に下山していると、

「良い神様だろう？」と聞かれたので、
「はい！　優しいし大らかだし、大好きになりました」と答えると、空海さんはニコニコしていました。

この神様がそのような性質であるから勧請をしたそうです。高野山は仏様の山ですから、仏様の世界を守ってもらうわけです。それはつまり、ちょっとだけ仏様の世界に入り込むようなもので、厳しめの神様だったらオーケーしてくれません。それでこの神様にお願いをしたと言っていました。

空海さんとお話をしていたら、青い小鳥が正面から飛んできました。参道脇の木に止まって、こちらを見ています。メーテルリンクの幸せの青い鳥を思い出しました。幸せをくれるのかな、と思うと、もうそれだけで幸福感に満たされ笑顔になります。嶽弁天さんのプレゼントだったのですが、とても嬉しかったです。

後日調べてみたら、青い鳥はブッポウソウという名前でした。「仏法僧」と書きます。粋な歓迎の印だと思いました。ここまでが初回の参拝時のお話です。

神様、空海さんとの贅沢な空間

12月に2回目の参拝をした日は、未明から雪が降り始めました。6時頃から本格的に降って、10時頃までに10センチほど積もっていました。私が弁天岳の登山道に入ったのは12時過ぎでしたから、雪がやんで2時間が経過しています。

この2時間の間に登山道を人が登った形跡はなく、獣の足跡だけが雪の上に残っていました。それも2種類です。見た感じ、イノシシと鹿だろうと私は思ったのですが、登山道には熊の目撃情報の看板もありました。鹿はまだいいとしても、イノシシは凶暴ですし、熊の可能性もあるとすればちょっと危険な山道です。この本を読んで登山をされる方はどうか十分ご注意下さいますように。

この日は氷点下でとても寒くて、登り始めは曇っていました。また降ってきたら困るな、と思いながら登ったのですが、山頂に着くと青空が見えて太陽が顔を出していました。

余談ですが、高野山から立里荒神社への道は、私が参拝した直後、道路凍結のため通行止になっていました。ギリギリで行けてラッキーでした。高野山も1日目が晴れだったので行きましたが、もしも雪が積もっていたらキャンセルしていたと思います。雪の高野山を見るチャンスは、レンタカーで行く私にはないに等しいのです。あとから考えるとすべてがうまくまわっていて、空海さんのご加護は本当にありがたいと思いました。

真っ白にピカピカ光る雪の参道をサクサク登って山頂のお社の前に着き、さあ手を合わせよう、とすると神様と空海さんが2人して、

「鈴は？　鳴らさないのか？」と言います。

私は普段、鈴は鳴らさないほうが多いし、前回の嶽弁天さんの参拝でも鳴らしていません。「おかしなことを言うなぁ？」と思いつつ、言われる通りに鈴についている紐（と言うか、ほぼ布です。五色の細い布が何本かつけてあります）を動かそうとしたら……ガッチガチに凍りついていて、引っ張っても引っ張っても全然動きません。

「うわぁ！　凍ってるやん！」と思わず叫びました。

それでも鳴らそうと力任せに頑張ってみましたが、ビ

この鈴を鳴らそうとしたところ……
紐が全然動きませんでした！

クともしませんでした。

凍っている力ってすごいんだ……と口をあんぐり開け、呆然と紐を見ていたら、神様と空海さんが楽しそうに大爆笑していました。神仏が笑うとその場の「気」が柔らかくなって癒されます。ずっとここにいたいな〜、と思うそんな神社なのです。

この山にいる時にいろいろなお話を空海さんに聞きました。会話をしたのはこの場所が一番多かったです（その内容は第7章にまとめて書いています）。土地がパワースポットのおかげで、ここが空海さんを一番感じやすいように思います。神様も素晴らしいので高野山での私のイチオシはここ、というわけです。

登山口から山頂までは30分程度、急勾配はないし歩きやすいです。しんどくもなく、てくてく歩いていたら山頂に着く、という感じで体にそんなに負担がかからずに登れます。大門から登るのが表参道で、女人堂から登るほうが裏参道だということです。女人堂のほうから行くと木の根っこ道があって、ちょっと歩きにくいところもありますが、こちらからだと20分ほどの登山で済むらしいです。

イノシシや熊が出るかもしれませんので、登ってみようと思われた方は十分注意をして、鈴などを持ち身を守って下さい。

第5章

高野山を楽しむ

ここは外せない メインのスポット

壇上伽藍

高野山の2大聖地と言われているうちのひとつで、空海さんが構想した曼荼羅世界を基にして諸堂を配置したと伝わっています。国宝の不動堂をはじめ、多くのお堂があります。

ここで一番目を引くのは「根本大塔」（口絵③）でしょうか。朱色が鮮やかな塔です。お堂の中の中心にはピカピカの大きな大日如来像があります。そのまわりに4体の仏像があって、こちらも金ピカです。

ここの大日如来像は顔がきつめに作られています。なんだか怖い、叱られそう……という雰囲気が漂うお顔なのです。堂内はぐるりとまわれるようになっていて、正面から大日如来像を観察しつつまわり込むと、あれ？　となります。

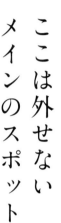

きついお顔で怖い仏像なのに横から見ると、ちょっぴり猫背になっているのです。周囲の4体は背筋をピンと伸ばして座っているので、その差がよくわかります。首にかかっているお召し物のせいなのでしょうが、「猫背なんだ〜」と思うと、近寄りがたい雰囲気が一気に親近感に変わります。

もう一ヶ所、拝観ができる「金堂」（口絵②）はご本尊が秘仏ですから、ガッチリ厨子の扉が閉まっています。でもご本尊以外の仏像は見ることができますし、お堂の中はぐるっとまわって拝観できます。他のお堂は中に入ることができませんが、覗き穴のような隙間が開けてありますので、そこから安置されている仏像を見せてもらえます。

「六角経蔵」はこじんまりした小さなお堂で、うっかりしているとスルーしてしまうかもしれません。この経蔵は建物自体が摩尼車になっています。

六角経蔵のサイズ感はこんな感じです。

摩尼車とは、一回まわすと一回お経を読んだことになるという、ありがたいものです。現在、この経蔵にお経は納められていないようですが、経蔵そのものをまわす（正確に言うと、基壇の取手部分をまわします）珍しい摩尼車ですから、チャレンジしてみるのも良いかと思います。

経蔵の正面にお賽銭箱があるので、まずお賽銭を入れます。それから取手に体重をかけてまわします。一人でもまわりますが、まわし始めがものすごーく重たいです。「うりゃりゃー！」と気合を入れて思いっきり押さないと動きません。上品な女性は無理かもしれません。私のあとに華奢なお姉ちゃんも、「オラオラオラ〜！」と男前にまわしていたので、まわすのは気合次第だと思います。

一旦動き出すと軽くなります。「へ〜、なんだ軽いんじゃん、楽勝〜」と調子に乗っていると、途中で「うっ！」と重くなるところが2ヶ所ありました。合

手前の棒のようなものが取手で、この取手がついている部分だけがまわります。

計3回、「とりゃー!」と腰を入れて、力を込めて押さなければなりませんが、空海さんの高野山での摩尼車です。せっかくですから一回まわしてお経一回分の功徳をいただいてはいかがでしょうか。

「御社《みやしろ》」という名称のお社が西側の奥にあります。ここには先ほど書きました「丹生明神」と「高野明神」が祀られています。10月に参拝した時はひっきりなしに人が来て（お遍路さん関係や団体のツアー客が多かったです）、ゆっくり見ることができませんでした。

12月の降雪時は、あたりに誰もいなくて……と言うか、壇上伽藍に誰もいなくてシーンとしていました。向かいに建っている山王院ではお坊さん方が声明の練習をしていて、その声だけが響いていました。白銀の壇上伽藍に私一人という、贅沢な空間でした。

非常に驚いたのは丹生明神のお社が、本家の丹生都

高野山の鎮守社として祀られている御社です。

比売神社とバッチリ繫がっていたことです。太いパイプができています。お社に重なって丹生都比売神社の社殿が見えました。それくらいツーツーです。

神様に話しかけると、丹生都比売神社まで届きました。一応、丹生都比売神社の眷属がいるのですが、お社がそのまんま丹生都比売神社とリンクしているのです。どこでもドアがある感じです。

これは〝神様が〟このように作用させています。それはつまり、丹生都比売の神様はこの高野山を大事に思われているということです。本家の神社に行けない人は、ここでも十分声が届きますので心配ないです。

高野明神のほうはやっぱり「気」が薄かったです。丹生官省符神社よりもこちらのほうが、私は繫がりやすいと思いました。薄いのは丹生都比売の神様に遠慮してらっしゃるからかな？　と思います。でも高野明神の神様も神様になって長いわけですし、そこまで遠慮しなくても……とつらつら考えていたら、

「三鈷の松」周辺はつねに人だかり。

「格が違う」と言われました。

びっくりするくらい控えめな、とても謙虚な神様です。

「三鈷《さんこ》の松」周辺はパワースポットになっています。不動堂がある場所（今回の取材では、どのようにしてもカメラのピントが合わず、不動堂の写真が撮れませんでした）と金堂のまわりもそうなのですが、「三鈷の松」周辺が一番パワーを感じやすいように思います。

ご存じの方も多いと思いますが、三鈷の松にはこんなエピソードがあります。

空海さんが、真言密教を広めるのにふさわしい場所を決めるため、日本へ向けて三鈷杵と呼ばれる法具を、中国の唐から投げたのだそうです。その三鈷杵は海を渡って日本まで届き、この松に刺さった、ということになっています。

話だけを聞くと「そんな馬鹿な……」と眉唾ですが、実際にこの地に立つと、伝承は本当かも？　と思うくらいのパワーを感じます。

松葉というと普通は2本ですが、この三鈷の松の松葉は3本になっています。全部が全部そうではないので、3本の松葉は縁起物とされています。持っていると、幸福になれる、お金が貯まるという噂があるそうで、皆さん真剣に探していました。

12月の参拝時は壇上伽藍に人影がなく、3本の松葉を探してみると、あっという間に7つ見つかりました。大事に保管していますが（財布に入れると良いという噂もあるので財布にも入れています）、私の感想としては高野山参拝の記念品、思い出の品、といったところでしょうか。見つけるとラッキーな四葉のクローバー的なものとなっています。

高野山真言宗　総本山金剛峯寺

幾度となく訪れていますが、私が好きなのは大きな台所です。重厚なかまど、古い柱や梁、板張りなど、そこにそのまま歴史が残っていて、すごいな～と毎回思います。

金剛峯寺には豊臣秀次自刃の間や、玄関側面にある花狭間窓という飾り窓の一部が未完成のところ、立派な襖絵、お庭など、見どころはそれなりにあるのですが、このお寺は高野山のオアシス的な場所でもあると思います。

大主殿から新別殿に向かう長い渡り廊下。

庭園や襖絵など、見所もいっぱい。

拝観料を払って最初に見るところは大主殿で、そこから長い渡り廊下を奥へ行くと、新別殿があります。そこには１６９畳の大広間があって、自由に座ってくつろげるようになっています。畳敷きでこの広さ、という場所はそんなにないので、心もスカーッと解放されます。

さらにありがたいのは、お茶の接待をしていただけることです。以前は広間に入って座っていると、お茶とお菓子を持って来て下さっていたのですが、今は入口にある給湯室みたいなところに声をかけるようになっています。

人数を言うと、その数のお茶とお菓子をお盆に載せてくれます。それを持って広間に入り、自分の好きなところに座ります。正座でもいいし、足を投げ出して座ってもいいし、椅子も用意されていますから、そちらに座ってもいいです。

お茶はペットボトルのお茶ではなく、ちゃんとした

新別殿の大広間で過ごす時間は格別です。

緑茶ですから美味しいし、お菓子はお土産のところでご紹介しますが、麩菓子のお煎餅です。お煎餅と言っても、ふわっと柔らかく、口の中でしゅ〜っと溶けていきます。歩き疲れた体にこのお菓子と緑茶が優しくて、とてもほっこりします。のんびり座って休憩することができますから、あちこちを回って疲れてから行くとありがたさ倍増です。

お菓子とお茶をいただきながら、正面の空海さんの掛け軸をボーッと見ていると、自分が高野山になじんでいくのがわかります。くつろぐ、心が解放される、というその精神的な作用が高野山の土地や空海さんの波長をより感じさせてくれるのです。

私は、この解放感となじむ感じを味わいに行くためだけに拝観しています。大げさではなく本当に癒されますので、高野山に行かれたら是非体験してみて下さい。

高野山霊宝館

今はもう存在しないお寺のご本尊だった仏像や、仏画、書跡、御廟から発掘された陶器など、貴重な宝物が展示されています。

拝観料を支払って、靴を脱ぎスリッパに履き替えます。ロッカーがありましたので、大きな荷物を持っている人は預けることができます。館内でメモはしても良いのですが、ボールペンは使用禁止でした。小さな鉛筆が置いてあって借りられるようになっています。順路は新館からでした。中に入ると、正面に阿弥陀如来坐像が安置されています。迫力満点で、阿弥陀様にしてはきつくて強い仏様でした。現存しないお寺のご本尊だったそうです。しかし、この厳しさは……珍しい……という阿弥陀様です。

同じ展示室には快慶作の「深沙大将立像」と「執金剛神立像」があります。どちらも素晴らしかったです。服の裾が本当に風になびいているように見えました。「木」なのに、と思うと快慶がどれほどの天才だったかがわかります。すぐそばに同じく快慶作の持国天像と増長《ぞうじょう》天像もありました。

この展示室にある仏像は仏様としてお寺に安置されていたら、そばまで行って見ることができないものです。それを間近で、木目まで見ることができるのですから貴重だと思いました。お不動さんや大日如来像などもあります。

次の部屋には掛け軸や巻物が展示されていました。ここですごいと思ったのは、国宝の「金銀字一切経」です。私が行った時は2回とも展示されていましたが、公開する宝物は時々入れ替えているようなので、もしかしたら展示されていない時期があるかもしれません（高野山霊宝館のホームページでも見ることができます）。

初めて見た紺色の紙が美しくて、こういう紙があったんだ〜と知りました。紺紙の上に鮮やかな金色の文字と銀色の文字が、一行おきに書かれていました。非常に美しいお経です。そして金色の文字が角度によってキラキラ光っていました。豪華だな〜、お金かかってるな〜、と思います。それが4296巻もあるらしいです。驚きです。

「法華一品経」という、同じく紺紙に金字で書かれたお経もありました。こちらは応其上人が修復したとかで、字はキラキラしていませんでした。しかし、装飾がすごかったです。銀でできたカバーと言いますか、表紙？　みたいな巻物の最初の部分や、軸にお金かけてます感が半端なかったです。それもそのはず、これは秀吉さんが奉納したのだそうです。うひゃ〜、すごいすごい！　と、大興奮して見学しました。

その先は特別展示が続きます。私が訪れた時は真田幸村特集でした。

その後、本館へと行きます。こちらは仏画の掛け軸が主な展示でしたが、奥の部屋に行く途中にある古い写真が興味深かったです。大正時代の子供が写っている写真があり、普通に着物を着ていましたし、明治時代の女人堂の写真もありました（女人堂にも古い写真が何点か置いてあります）。

御廟から出土した陶器などを見て、次の展示室入口にさしかかると、そこには大きなお不動さん像と毘沙門天像が向かい合わせで立っています。この毘沙門天像が、こちらを凝視しているのです。うわぁ、めっちゃ見てるぅ……ひ～、ごめんなさい、という気持ちになります。「見る」力がある仏像です。

この他にも数体の仏像があって、最後の展示室には大日如来像もありました。仏様を美術品としてじっくり見るのも楽しいです。このような冠をかぶらせているのか～とか、服をこんなふうにしているんだな～など、新しい発見があったりします。高野山霊宝館内には、ノートやふせんなどちょっとした仏様グッズを売っている小さな売店もありました。

高野山をもっと楽しむために

宿坊いろいろ

高野山には宿坊という、宿泊をさせてもらえるお寺が52ヶ所あります。どのお寺もそれぞれに特徴があって、宿坊選びも楽しみの一つではないかと思います。精進料理が美味しい、客室がキレイ、お風呂や庭園に趣向が凝らされているなど、自分が何を優先するかで選び方も違ってきます。

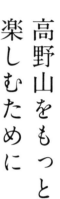

52寺院すべてに宿泊していないので、全部の中からここがおすすめです、ということは言えませんが……私が宿泊した中ではここは良かったですよ、という感想を書いてみたいと思います。参考程度にお読み下さい。

まず蓮花院です。ここは室町中期に家康さんのご先祖、松平氏と師壇関係を結び、徳川家総菩提所として今日に至っているというお寺です。家康さんの念持仏が見られるということと、個室にトイレが付いているという理由で宿泊しました。

このお寺の宿泊施設は新しくて本当にキレイです。他の宿坊は古いため、カビ臭いところもあります。カビで目がかゆくなる、咳が出る、というところもありましたし、下水の匂いがちょっと……というところもありました。歴史ある高野山ですから、そこは仕方がないです。

でも、「私、そういうの苦手なんです」「アレルギーがあるんです」という方は蓮花院が良いと思います。クサイ、汚い、という言葉とは無縁の宿坊です。ここには悪いものも一切いませんでしたから、熟睡もできます。お部屋にテレビがないので、夜は参拝した場所の記録をしたり、写経をすると高野山らしい夜を過ごせるように思います。

お風呂は家族風呂のちょっと大きめサイズといったところですが、とにかく清潔です。トイレはお部屋に

清潔感のあるお部屋。このシンプルさが宿坊の魅力です。

付いていますし、食事も家庭的な雰囲気の精進料理で美味しかったです。チェックインする時に受付をしてくれたおじさんもにこやかで親切でした。

朝の勤行に参加すると、見どころ満載のお堂を案内してもらえます。家康さんの念持仏はもちろんのこと、徳川家の位牌も千姫から将軍のものまでずら〜っと安置してあって、見せてもらえます。それがすごい数なのです。徳川御三家の中では尾張徳川家のものが豪華で一見の価値ありです。

前日に書いた写経は、「いろは大師」という、筆と巻物を持った大きな空海さん像に、自分で奉納させてもらえます。

遍照尊院は高野山開創にあたり空海さんが修行をしたとされる地に建立されたお寺です。壇上伽藍のすぐそばにあります。

この宿坊の特徴はなんと言っても精進料理の美味し

蓮花院のお堂には三つ葉葵の紋が！

さだと思います。いくつか宿泊した中で際立っていました。食事は「食事処」という場所でテーブルでいただきます。温かいものはあとから持って来てくれますから、温かいままいただくことができます。

さらにお風呂が広くて、アメニティグッズまで置いてあり、宿坊とは思えない快適さでした。「陀羅尼湯」という小ぶりの薬湯の浴槽もありました。茶色いお湯の中に漢方の薬草らしきものが入った布袋が浮いていて、空海さんが中国からもたらした「陀羅尼」とかなんとか書かれていたように記憶しています。癒されるお風呂です。

朝の勤行は奥之院のほうへ行くので、このお寺の勤行は不参加にしたいと申し出ても嫌な顔はされず「朝食までにお戻り下さいね」と言ってもらえました。

宿坊によっては、朝の勤行は奥之院へ行きますと言うと、あからさまに不機嫌になるところがあります。

「じゃあ、ここのお勤めには参加しないいんですね！」

数ある宿坊の中でも、遍照尊院の精進料理はピカイチ！

と強い口調で言われます。そのような言われ方をすると、「すみません、せっかく高野山に来たので奥之院のお勤めを見たいんです」と謝らなければいけなくなったりして、それでもブスッとしたまま機嫌が直らず、悲しい思いをした宿坊もありました。

ですので、気持ち良く送り出してくれる宿坊はありがたいです。

金剛三昧院は北条政子が、夫・源頼朝と息子・実朝の菩提を弔うために建立したお寺です。国宝がある宿坊はここだけで……と言うか、高野山にある建物の国宝はこのお寺の「多宝塔」と、壇上伽藍の「不動堂」の二つのみとなっています。

この宿坊の特徴は一泊朝食付きプランがあることです。長く滞在していると天ぷらが必ずつく精進料理は今日はちょっと……となったりします。そのような時に便利なプランですし、一人旅で他の宿泊客と一緒に食べるのも、お部屋に食事を運んでもらう部屋食も気を使うので遠慮したいという人におすすめです。

チェックイン前に食事を済ませておいてもいいし、高野山にもコンビニが一軒ありますから（壇上伽藍の向かい側です）、そこで食料を調達するのもいいと思います。コンビニまで徒歩10分程度の距離なので、外国人宿泊客も皆さんコンビニでいろいろと買ってきていました。お部屋はトイレと洗面所が新しくてキレイです。お風呂は家族風呂の大きめサイズですが清潔でした。

このお寺のお坊さんはとても親切です。私がこれまで宿泊した宿坊の中では一番優しいお坊さんでした。宿泊施設やお寺の説明は一緒に歩きながら丁寧にしてくれますし、宿泊者の名前を覚えておられますから名前で話しかけてこられます。物腰が柔らかくてあたたかい印象でした。奥之院に朝の勤行を見に行くと言ってもニコニコしてオーケーです。空海さんのおそばに来て、このように接してくれるお坊さんに出会うと心底ありがたいと思います。私の中では親切な応対で点数が高かった宿坊です。

以前、宿泊した惠光院は朝の勤行で護摩祈祷をされています。護摩を焚くところを間近で見ることができるのは貴重な体験です。すごい迫力でしたし、感動します。さらにこのお寺は、夜の奥之院参拝ツアーがあります。参加者数名でお坊さんの説明を聞きながら、一の橋から奥之院まで一緒に歩く、というものです。夜の参道を歩くという経験はなかなかできませんから、こちらも面白かったです。イベント感満載の宿坊ですが、トイレは共同です。

福智院もだいぶ前に宿泊しました。ここは天然温泉が特徴の宿坊で、露天風呂もあります。そんなに広くはありませんが、24時間入浴可能となっていて、夜遅くにのんびり入りたいという人におすすめです（他の宿坊は入浴時間が決まっています）。中央ロビーには歴史を感じさせる美術品が多く展示されていました。

お部屋に持って来てくれた食事が完全に冷え切っていて天ぷらがべちょべちょになっている、というところもありましたし、バスタオルがなくて小さな薄いタオル1枚のみで頭も体も拭くという宿坊もありました。

宿坊は旅館やホテルではありませんから、仕方がない部分もあると思います。完璧なサービスを要求するのは違うかなとも思います。

宿坊に泊まらせてもらえなかったら、私たちは空海さんのお山で夜を過ごすことができません。大好きな空海さんのおそばで一晩を過ごしたい、その希望を叶えてくれるのが宿坊なわけです。ホテル並みの快適さを求めるのであれば、ふもとに泊まって翌日また高野山に登るべきではないかと私は思います。

そんな宿坊の中でも、快適に過ごせるありがたいところがありますので、ご自分に合った宿坊を探してみるといいです。空海さんのおそばで夜を過ごす大事な時間ですから、良い思い出になるよう下調べは十分されることをおすすめ致します。

お土産いろいろ

お土産も種類がたくさんありますから、人によって、または紹介している本や雑誌によって、おすすめが違うと思います。

私のイチオシは「宝来」（口絵⑭）です。高野山にはしめ縄の原料となる「わら」がないため、しめ縄の代わりに飾られてきた「しめ紙」、それが宝来です。赤い紙を台紙にして、その上に白い紙の切り絵を重ねた状態で売られています。空海さんが中国からもたらしたそうです。

奥之院や宿坊などのお堂を訪れた時に、そこに掲げてある半紙で作ったような切り絵を見て「あの切り絵はなんだろう？」と思っていました。それまでまったく知らなかったのです。

奥之院では外陣と内陣の境目に3枚貼られていました。何も知らずに見た時から、あの紙は縁起がいいな〜、と感じていました。でもそれは高野山にあるお寺独自の、特別なものなのだろう、と思っていたのです。

高野山のメインストリートを歩いていて、文具店の横を通った時です。何気なくウインドーを見たら、宝来が飾られていて売っていることを知りました。「あ、買えるんだ〜」と早速1枚購入しました。柄は「松竹梅」で、この時は1枚だけ買って帰りました。

自宅で早速掲げてみたら、これがやっぱり縁起物で、福運を招きます。「お正月に新しくするものである」という雰囲気を濃厚に醸し出していたので、2回目の取材で高野山を訪れた時に、新年用に「宝船」を新しく買って、元旦に付け替えました。現在、とても良い運気を招いてくれています。これはおすすめです。

絵柄は「松竹梅」「宝船」「干支（2017年はニワトリ）」「壽（ことぶきという文字）」「宝珠」などがありました。

宝来が掲げてあるお堂。

購入した時に、赤い紙を台紙にしてそのまま貼るように説明されましたが、私はお寺のお堂や奥之院方式にしています。赤い台紙は捨てて、白い切り絵1枚だけを、風通しの良い場所に掲げるのです。切り絵の空いた隙間を風が通り抜けられるように、長押《なげし》に押しピンで上部をちょこっと止めています。

私の実家では床の間の長押に掲げていて、やはり福運を招いています。飾るコツは「高い位置に」「風通し良く」です。

縁起物ですから、自分用に買ってもいいですし、お土産で人にプレゼントしても喜ばれると思います。

お菓子のおすすめは先ほどご紹介しました金剛峯寺の接待で出される麩菓子のお煎餅です。とても上品でお腹に優しく、難病を持っている元夫でも食べられます。個包装に「金剛峯寺」と書かれたものは、金剛峯寺の売店でしか買えません。10枚で千円でした。

金剛峯寺にこのお菓子を納品しているお店では「仏法僧」という名前で販売されていました。こちらも買ってみたところ中身は一緒なのですが、個包装のデザインが……法事のお菓子、という雰囲気でした。ですので、人に渡すお土産としては、いまひとつかもしれません。中身は同じなので美味しいのですが。

金剛峯寺で買ったものは黄色い個包装なので、見た目も明るく喜ばれると思います。ただし、「仏法僧」よりも若干お高い値段となっています。金剛峯寺バージョンは大箱がなく、10枚入りしかありませんでした。


高野山には仏具店もありますから、五鈷杵と金剛鈴のずっしりとした重量があるものも買ってみました。

結果から言うと、五鈷杵は置いておくだけでは（お寺ではなく一般の家に、です）なんの効果もありませんし、なんの力もありませんでした（個人的感想です）。きっと特別な使い方があるのだと思います。その使い方をしない限り、ただの法具……はっきり申しますと、ただの置物だと思いました。

金剛鈴（口絵⑭）は良いです。しっかりした重たいものを買いましたので、鳴らすとものすご〜〜〜く響

五鈷杵は代表的な密教法具の一つ。

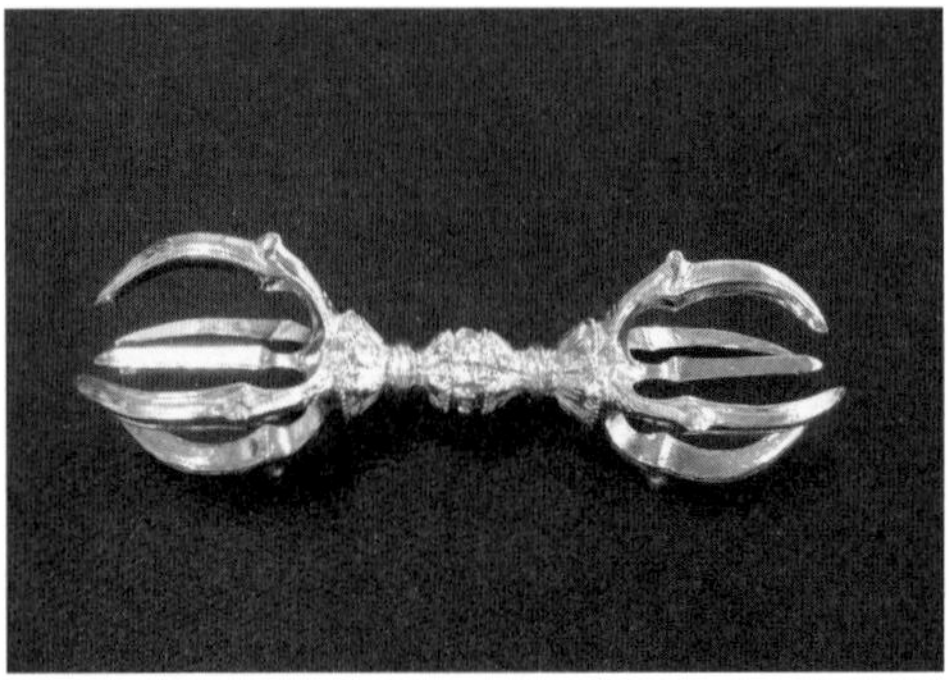

きます。余韻がすごいです。空気を振動させる力が大きくて、軽めの邪悪なものだったらこの音が祓ってくれます。体質的に憑かれやすい人などは一つ持っておくといいかもしれません。

他にもたくさんのお土産があります。数珠なども多くの種類がありましたし、キーホルダー・ストラップ類も法具のものがあります。これは高野山でしか見たことがないので、記念になるかと思いますし、人にあげても喜ばれそうです。高野豆腐、胡麻豆腐などの食品も名産のようですし、お菓子もいろいろとありました。

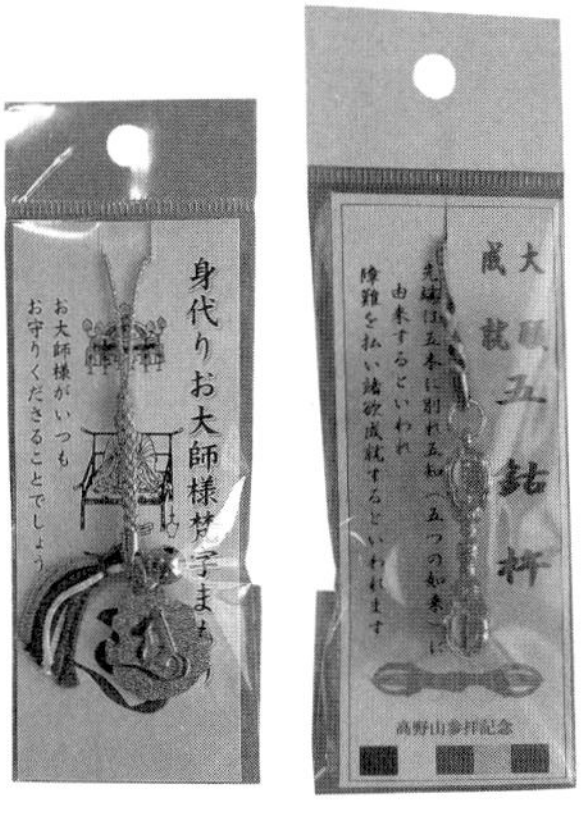

お土産屋さんで売られている法具ストラップ。三鈷杵や錫杖もありました。

第 6 章

一の橋から奥之院への参道

歴史が息づく不思議な世界

お墓以外の見どころ

奥之院への正式な参拝は「一の橋」から歩いて行きます。サクサク歩けば徒歩30分くらいで奥之院に着きますが、参道の両脇には非常に多くの……一説によれば20万基を超える石塔や墓石が並んでいますから、あれこれ見ていると結構時間がかかります。

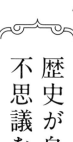

もう10年以上前になるかと思いますが、元夫と最初に高野山を訪れた時、一の橋と中の橋の中間地点にあたる沿道で強い「霊気」を感じました。車で走っていたら、元夫が急にお墓を見たいと言うので停車したのです。

そこは参道ではなく脇の道路でしたが、霊気に押されて「これは無理」と、私は墓地を見学しませんでした。当時はまだまだわかる力が弱くて何かが存在していることは察知できたのですが、内容まで詳細に知ることはできませんでした。

奥之院への参道の両側には驚くほど多くの魂、見えない世界の存在がいます。幽霊もいなくはないのですが、ほとんどはお墓の住人です。古い時代の人もいます。このような存在が、一般の墓地とは比べ物にならないくらい集中している場所ですから、どうしても圧迫感があります。

霊感が強い人だと、ちょっとしんどい、と感じるかもしれません。そのような状態になったら空海さんをお呼びして、空海さんに助けてもらうといいです。空海さんがいろいろと調整してくれるように思います。


まず、お墓以外の見どころとしては奥之院までの中間地点あたりに「中の橋」があって、そこに汗かき地蔵さんがいます。このお地蔵さんは世の中の人々の苦しみを身代わりとなって一身に受けているため、いつも汗をかいているのだそうです。

お地蔵さんだから道の脇に立っているのかなと思ったら、ちゃんとしたお堂があり、そこに安置されていました。

その横には小さな井戸があります。「姿見の井戸」（口絵⑦）です。この井戸を覗き込んで自分の姿が映らなければ、3年以内に死んでしまうという説が江戸時代に広まったらしいです。

どれどれ？　と覗いてみて一瞬、「あら？」となりました。自分の顔が見えなかったからです。3年以内に死ぬのかな？　と思って、よく見ると映っていました。周囲をまわってみた結果、覗く角度によっては、自分の姿が見えにくい場所がありますし、遠慮して顔をちょっとだけしか出さなかったら見えにくいです。ドキッとしないためには、思いっきりガバッ！　と身を乗り出して見るのがコツかと思います。

御廟橋を渡ってすぐの左手には小さな祠があります。うっかりしていると見落とすくらいの地味〜な祠です。そこには弥勒菩薩の浄土から降りてきたという「弥勒石」があります。

この祠、手を入れる場所は一ヶ所だけですから、片手でしか石をさわれません。石に触れると、弥勒菩薩

このお堂の中に、汗かき地蔵さんがいらっしゃいます。

様にご縁を結んでいただけるそうです。

祠の中が上下2段になっているため、石を下の段から上の段へ移動させることができれば願いが叶う、という言い伝えもあります。

それはやってみなければ！　とチャレンジしましたが、この石が半端なく重たくて……甘くみて持とうとしたら「うっ！」と、関節を痛めそうになったくらい重量がありました。女性には無理な気もしますが、挑戦するのも楽しいかと思います。

他にも、43段の石段の覚鑁坂《かくばんざか》（ここで転ぶと3年以内に死ぬそうです）などもあります。

私個人の興味を引いたのは、「霊元天皇歯塔以下二十四塔」です。「歴代天皇陵」という名称で書かれているガイドブックもあります。燈籠堂へ上がる石段の手前を左に行くと、宮内庁の立て札があって、その向こうに御陵が広がっています。柵に囲まれていますから、見ることはできますが中に入ることはできません。

歴代天皇と言っても全員のことではなく、江戸時代の霊元天皇から孝明天皇までです。その天皇方や皇后、皇族の方の、歯・爪・髪の毛などを祀っている供養塔となっています。

何が興味深いのかと言いますと、その形状です。土がこんもりと1・5メートルくらいの高さ（1メートル程度のものもありました）に盛ってあって、そのてっぺんに石塔が置かれているのです。山はなだらかではなく、土を盛って作りました！ とひと目でわかる不自然なくらいもっこりしている形です。その上に1メートルくらいの石塔を立てていて、山の手前の地面には石灯籠が2基と石でできた花立ても2つあります。

この陵墓がいくつか見えるのですが、なんとも不思議な光景で、でもどこか懐かしいような、「あ、そうだったそうだった、こんなお墓を知ってる知ってる」みたいな既視感があります。過去世の記憶だろうと思っています。

高野山にある他のお墓や供養塔とはまったく違った雰囲気で、何かしら心に訴えかけてくるものがある、そんな御陵です。

歴史上の有名人墓所　武田勝頼さんの後悔

一の橋から入ったところにいきなり大大名の加賀藩の墓所があります。目の前に大きな供養塔がデーンとありますから、とりあえず「ホー！」と圧倒されます。しょっぱななので供養塔自体が珍しく、しかも加賀藩、これはしっかり石塔を観察しなくては、と見せてもらいました。

このあと名前を知っている人や大きな藩のお墓が次々と出てきます。あ！ ここも見な

けれ ば！　こっちも！　とせっせと観察しました。参道を外れた山の中まで行って見たところもあります。しかし、だんだん見慣れてくると、写真ももういいわ～、同じ風景だし～、という気持ちになります。というわけで後半はほとんどスルーしました。

古いお墓を見ていると、羨ましくなります。私もやっぱり地面にじかに埋めて欲しいな～、と思うからです。お墓はここにあるけれど、じかに埋めたところは別、という供養の仕方もあったようで、高野山にあるお墓の全部にお骨が埋まっているのではなさそうでした（供養塔はまた別の話です）。

古い墓地ですから、参道を外れて奥まったところへ行く時はちょっと気をつけたほうがいいかもしれません。石を敷き詰めたような道だったら大丈夫ですが、土のところはその下が昔のお墓の一部だったりするからです。

壊れてしまって粉々になった墓石や供養塔が端によけられていれば、ここはそうなのね、とわかりますが、

一の橋から入ってすぐの場所にある加賀藩の墓所。
奥之院の近くにも供養塔があります。

ぱっと見ではわからないところもありました。歩いていて「ん？」と気づき、慌てて謝ったところもあります。

すでに長い年月が経っているので、叱られたり祟られたりすることはありませんが、道を外れて歩く時は「踏んでいたらごめんなさい」「失礼します」と声をかけておくといいです。墓所に入る時も「失礼します」「お邪魔します」とご挨拶をします。私は舗装された参道を外れたところでは、常に謝るか断って歩きました。

「武田信玄・勝頼供養塔」は中の橋に行く手前の右手にあります（口絵⑧）。

武田信玄は有名なので、写真だけ撮らせてもらうつもりで墓所に入りました。武田信玄が何をした人か、ということは、歴史の教科書程度にしか知らない私です。その息子の勝頼さんとなると、まったく知識がなく、「武田家を潰した人」くらいの認識でした（うわぁ、どうなんでしょう、この印象って……）。

写真を撮らせてもらうので一応、合掌して頭を下げます。武田信玄の供養塔は本人とは繋がっていませんでした。

供養塔はお墓ではなく（表示は墓所となっていますが）、供養のために後年建てられたものであるため、本人の意識の中でお墓のような位置づけをしていないと思われます。ですから、その供養塔を通して本人とコンタクトできるものと、まったくコンタクトできないものとに分かれます。

武田信玄の供養塔が本人に繋がっていなくても、メインの父親に挨拶したのだからオーケーだよね、と写真を撮って出ようとすると、

「話を聞いていかないか？」と聞こえました。びっくりして振り返ると、勝頼さんのほうの供養塔は繋がっているのです。しかし……この人物は私がまったく知らない人です。知らないので話を聞こうにも質問することがありません。話題がないのです。道ですれ違う見ず知らずのおじさんに、「話を聞いていかないか？」と言われるのと同じです。

「急いでいますので、すみません……」

悪いな～と思いつつも言葉を濁して、その場を去りました。

これが往路の出来事で、復路でも当然墓所の前を通りますから、どうしようかなと悩んでいると外国人のグループが中に入って撮影をしていました。あら～、邪魔しちゃ悪いよね～、とわざと声に出して言い訳をし、そのままスルーしました。勝頼さんには申し訳ないけれど、なんだか気が重たくて話は遠慮したいという気持ちだったのです。

その日の夜のことです。宿坊で寝ていたら勝頼さんが夢の中に出てきました。

夢の中で、私は勝頼さんと同化していて、同じ気持ち、同じ考えになっています。側近たちが「情報が漏れた！」と言って騒いでいます。どこから漏れたのか、誰が漏らしたのか、誰が裏切ったのか、と喧喧ごうごうとなり、やがて誰からともなくあいつが怪しい、あいつではないか、と声が挙がりました。それから側近たちは一人の男を疑い始めました。

しかし、その男は絶対に、どう考えても主君を裏切る人間ではありません。誠実で正直で、根っから良い人間であり、忠誠心の塊のような男なのです。１００％信じられる人物です。私は「あいつではない！」と側近たちを叱ります。

側近たちは、「身辺を調べさせて下さい」と提案をしてきましたが、私は「断じて彼ではない！　調べる必要はない！」と声を荒げています。けれど側近たちは食い下がります。「調べて何もなければ身の潔白が証明されるわけで、本人も私たちもスッキリする」などと、もっともらしい理由をつけて、結局男を調べたのでした。

すると、細長い紙の箱の中に証拠がありました。側近たちは「やはりあいつが犯人だった！」と大騒ぎです。

しかし……彼は本当にそんな人間ではないのです。私はそう信じてきました。それなのに周囲の雰囲気とその動かぬ証拠に信じる心が流されてしまい、「あいつが犯人なのか……あいつまでも裏切ったか……」と落胆します。その現実がショックで、悲しみで胸がいっぱいになりました。

人間は死後、肉体を持った時には見えなかった真実が見えるようになります。勝頼さんは死んだあと、裏切ったと思った男は実は濡れ衣を着せられていた、という事実を知りました。そこから後悔の念に苦しめられています。なぜ疑ったのか、と強烈に胸を痛め、どうして信じてやれなかったのか……大切な忠義の家臣を……と涙ながらに後悔しています。

処刑したのか、切腹させたのか、牢獄に入れたのか、追放したのか、どう処置をしたのかまでは見せてもらえませんでしたが、悔やむ念がとても強かったです。きっと、その家来は誠心誠意、私心なく勝頼さんに仕えていたのでしょう。その忠誠心を疑った主君の俺、という情けない気持ちが苦しいほどでした。そこまで見終わると、苦しくて悲しくて目が覚めました。

勝頼さんという人物がどのような人柄だったのかはわかりませんが、きっと真面目な人だったのだと思います。そして真っ直ぐな性格だったのでしょう。悪かった、という念が消化しきれずに残っているみたいです。昔は簡単に濡れ衣を着せることができ、それを覆すことが難しかったことを思うと、冤罪《えんざい》って怖いな～としみじみ思いました。

歴史上の有名人墓所

伊達政宗さんの家来

「伊達政宗供養塔」（口絵⑪）も本人とは繋がっていません。

10年以上前に、元夫と最初に高野山を訪れた時、彼は一人で奥之院への参道を散策しました。前述したように、私は強い霊気に押されて見学をやめ、車の中で待機していました。元夫は一人でいくつかの墓所を見て車に戻ってきました。

戻ってくるなり、「行かないほうが良かった……なんか気持ち悪かった」と言い、車が高野龍神スカイラインへ入った瞬間、つまり、高野山の町を出ると同時に、突然「猛烈に頭が痛い！」と言い出しました。

うわー、なんか連れてきたんだな、と思いましたが、私は運転をしていたのでどうしようもできません。痛い、と言う彼の顔を見ると、別人のように険しくなっていました。確実に背中に誰か乗っていました。

しかし、武将の墓はかなり古いので、成仏させてほしいという幽霊がいるとは思えません。あの強い霊気にやられたのなら、すぐその場で気分が悪くなるはずです。町を離れようとした時に頭痛がするということは、帰ることを怒っているわけで……。

元夫に詳しく話を聞くと、彼は「伊達政宗のお墓の敷地内に入った」と言っていました。入った瞬間、何とも言えないイヤ〜な気持ちになったそうです。ゾオォォ〜ッとした感じだったということでした。彼に霊感はないのですが、なぜか「家来がめちゃめちゃ怒ってるなー」と思った、と言うのです。そこから、頭痛がし始め、高野山の町を出たところで、強烈に痛くなったというわけです。

霊感がない人に怒りを感じさせるほど、家来は激怒していた、ということになります。まさか……と思いつつ、「敷地に入る時に、手は……合わせたんだよね？」と一応聞いてみると、「え？　いや、合わせてないよ？」という、あ、それマズかった？　みたいな答えが返ってきました。いやいやいやいや、そりゃ、怒られて当然ですから。

元夫はクリスチャンです。異教の人間が神聖な墓所にズカズカ入って来て、殿様に手も合わせず、へー、などとなめた口調で物珍しそうにキョロキョロ見ていたら、「この無礼者！」となるのは当たり前です。そしてそのまま一礼もせずに墓所を離れたので、「こやつ、謝りもせずに帰るとは無礼千万！」というところでしょうか。

さらに、彼は戦国時代に忍者だったようなので、もしかしたら伊達政宗の敵方だったのかもしれません。いずれにしても、家来が怒っているのなら、大丈夫だろうと思いました。無礼者に激怒する忠実な家来なのですから、殿様を放っておいて高野山を出るはずがないと思ったからです。

その後も元夫は頭が痛い、めっちゃ痛い、と繰り返していましたが、高野山系を出て平野部に下りたら、嘘のようにピタッと頭痛は消えました。

そのようなことが過去にあったので、今回、伊達政宗の供養塔だけは丁寧過ぎるくらい礼を尽くして挨拶をしました。入ってみると、伊達政宗の供養塔とそのまわりにも供養塔があります。この時、家来の意思は私には感じられませんでした。キッチリ挨拶をしたからかもしれませんし、この日はこちらにいなかったのかもしれません。私に対して敵意を持っていないので、出てこなかったようにも思います。

伊達政宗供養塔は本人とは繋がっていませんし、この墓所に住人は多くはいませんでした。「気」もサラサラでキレイでした。

あの日、頭痛の原因は伊達政宗の墓所だと思う、と言ったのは元夫の勘違いだったのかな、と帰宅して調べたところ……ああ、なるほど、と思うことがありました。

伊達政宗には殉死した（殿様のあとを追って死ぬことです。この時代は切腹をしていました）家来が20人いました（直臣15名、陪臣5名）。その20名の家臣の供養塔が、政宗の供養塔のまわりに立てられているのです。

伊達政宗の霊廟は仙台にありますから、本人がいるとするとそこだと思います。そして家臣もそちらを主に守っているのでしょうが、高野山のほうにも自分たちの供養塔がありますから、時たまパトロールしているのだと思います。何百年経っても忠誠心の厚い家臣たちがいる墓所なのでした。

歴史上の有名人墓所
割れている明智光秀さんの供養塔

「上杉謙信・景勝霊屋」は参道から少し登ったところにあります。ここに行く途中の道は気をつけて歩いたほうがいいです。地面の下にはお墓の一部があるからです。時間が経っているので心配はいらないのですが、念のため、ごめんなさい、すみません、と謝りながら行くことをおすすめします。途中には鳥居が土砂で半分埋まっている墓所もあったりします。

霊屋の中には位牌が入っているらしいのですが、お二方とは繋がれませんでした。霊屋は美しい彩色が施されていますので、そのへんを見学させていただきました。

「石田三成供養塔」は本人に通じています。とても物静かな性格で頭脳明晰、という雰囲気の人でした。その時に放映されていた大河ドラマでは忠義の士として描かれていて、そのことを伝えて差し上げましたが、返事はなく淡々とした空気だけが漂っていました。

石田三成は30歳の時に生前葬をして五輪塔を自分で立てたのだそうです。銘文には「天正十八年三月十八日　逆修」と刻まれています。逆修《ぎゃくしゅ》とは生前葬のことです。

その当時、高野山には大きな五輪塔はまだなくて、せいぜい60センチ程度のものばかりだったそうです。そこに石田三成がいきなり3メートルの五輪塔を立てて、この供養塔が大型石塔の始まりと言われています。

「明智光秀供養塔」は通じていません。というか、本当に明智光秀の供養塔？　と疑問が湧くくらい、なんと言いますか、黒い空間でした。邪悪、という言い方をしてもいいかもしれません。重たく暗い「気」で占められていました。

10月なのに〝ここだけ〟驚くほどの蚊の大群がいて、供養塔の入口正面にできた大きな水たまりによって中に入ることができませんでした。あ、でも、もし入れたとしても入っていなかったと思います。

供養塔は五輪塔と呼ばれる一般的なものですが、真ん中の丸い石（水輪）がヒビ割れていました。この石は何度新しく取り替えてもすぐに割れてしまうのだそうです。

その原因は、明智光秀の無念、織田信長の呪いなど、いろいろと推測されています。また、初めから故意に割れた石を組んだという説もあります。高野山にとって敵である織田信長を討ってくれた明智光秀、供養してあげたいが秀吉さんの手前、堂々と供養するわけにはいかない、そこで、石が割れてしまうくらいの怨念を持っている光秀ですから供養しなければ障りがでますよ〜、というところでしょうか。

諸説いわれの多い、明智光秀の供養塔。

明智光秀に繋がっていないので、本人無念説は違うと思います。織田信長呪い説も違います。この空間がダークですので、別の影響が出ている気がします。明智光秀墓所の右隣りが、お墓であるのに荒れ果てていて草ボーボーでした。この敷地にものすごく強い「怒り」の念がこもっています。墓石が崩れていたりもします。ここの影響が大きいように感じました。

参道脇には数多くの墓所がありますが、暗く重たい、良くない思念に通じているのはこの一角だけです。もっともすべての墓所を見たわけではありませんので、断言はできませんが。行かないほうがいいように思いますが、空海さんのお山ですから何かあれば空海さんが助けてくれます。見に行くのでしたら、往路に行き、その後奥之院の御廟で空海さんの「気」をたくさん浴びれば大丈夫だと思います。

参道脇には他にも多くの歴史的有名人の供養塔やお墓があります。人様が眠っているお墓の敷地に入るわけですから、ズカズカ入って写真を撮るのではなく、最初に失礼をお詫びしたほうがいいです。参道から外れた場所は下が昔の墓地だった可能性がありますから、こちらは歩きながら謝罪しておいたほうが無難かと思います。

豊臣家墓所で秀吉さんの弟さんと会う

弟さんは控えめな人

一の橋からの参道と、中の橋案内所からの参道が合流した先に、豊臣家墓所（口絵⑩）があります。多くの人がお参りしていて、私が行った時も団体客が十数名いました。秀吉さんはここにはいないので、適当に写真を撮って墓所の入口を下りようとしたら（豊臣家墓所は参道から石段を上ったところにあります）、背後に何やら気配がします。

振り返ると秀吉さんの弟さんが立っておられ、私に向かってお辞儀をしていました。

「？？？」な気分でしたが、人も多いし集中が難しそうだったので、そのまま失礼しました。

翌日、早朝の奥之院に参拝する途中、豊臣家墓所の前を通ると石段の上に弟さんがいて、やっぱり私に向かってお辞儀をします。なんだろう？　何か話したいことがあるのかな？

と思いましたが、勝頼さんが夢に出てきた日の朝だったこともあって、重苦しい話は嫌だな、と思いました。行きも帰りも、弟さんはじっとこちらを見ていましたが、私はお辞儀をしてそのまま通り過ぎました。

翌朝の奥之院へ行く時も弟さんは石段の上にいて、私を見るとお辞儀をします。私も軽く一礼をして奥之院へと急ぎました。朝の勤行が終わって、参道を戻っているとまたしても弟さんが待っています。

ああ、これはお話を聞いて差し上げねば……と思い、墓所へと石段を上って行きました。

秀吉さんの〝今〟を報告

豊臣家の墓所は他の武将のものよりも敷地が広く、供養塔に近づけないよう柵が設けられています。一番大きい供養塔は昭和に作られた秀吉さんのもので、その他は弟さんやお母様など一族の供養塔らしいです。

柵で隔てられた豊臣家の墓所。

高野山霊宝館のサイトには【墓所には秀吉、母公、淀君らの一族が祀られている】と書かれていました。

弟さんはハッキリ出ていましたが、他の人はぼんやりしていて、私には「その他数名」としかわかりませんでした。いることはいるのですが、人影がぼんやりとしか見えないのです。

弟さんは秀吉さんの状態を私に聞きたかったのでした。秀吉さんは存在する世界が違うため、あちらの世界にいる弟さんには何がどうなっているのか、まったくわからなかったようです。

どうして私が秀吉さんの今を知っていることがわかったのか……と考え、「あ、そうか、空海さんなんだ」と思い当たりました。空海さんは秀吉さんのことを心から案じている弟さんの心労を取り除いてあげたかったのだと思います。

そこで、秀吉さんの現在について、できるだけ細かく話しました。『運玉』という本を読んで参拝に行ってくれた方々の純粋な信仰心が秀吉さんを一気に押し上げてくれた話もしました。このままいけば神様修行に入れそうだ、と本人が言っていたことも話し、「神様になられたら、ここにも自由に来ることができます。今はまだちょっと無理なようですが、もう少しの辛抱です。秀吉さんはきっと素晴らしい神様になって、皆様に会いに来られると思います」

そうお伝えすると、弟さんは何回も何回も頭を下げてお礼を言っていました。

まだここに居たんだなぁ、よほど秀吉さんのことが気がかりだったんだな、と思っていると、他の数名も頭を下げたような気配がして感謝の念を出していました。

弟さんは墓所の入口まで送ってくれて、「かたじけない」と最後にもう一度頭を深々と下げます。礼儀正しく温厚な人柄みたいです。

空海さんが教えてくれた頭痛の理由

あんなに喜んでもらえたのなら、もっと早くにお話をすれば良かった、と思いつつも、私はちょっと困惑していました。というのは、弟さんに話をしている途中から、強烈に頭痛がしてきたのです。私はめったに頭痛を起こさない体質なのですが、頭がガンガンして割れそう、というくらい痛かったです。

あの墓所に幽霊はいませんし、そこにいる全員に感謝されているのですから、障りのはずがありません。おかしいな〜と悩んでいたら、そばに空海さんが来てくれたので聞いてみました。

「お前には見えていなかったようだが……」と、空海さんは前置きをして教えてくれました。

秀吉さんのお母様が私の足に取りすがってお礼を言っていたのだそうです。自分の頭を私の足にこすりつけて、何度もお礼を言って泣いていたそうです。お母様が私に触れた時に、頭痛としてそれを感じた、ということでした。

お母様はもちろん幽霊ではありません。私はここで、幽霊ではない成仏した魂が触れても、それを感じることで頭が痛くなることがあるのだと学習しました。泣くほど感謝をしている……つまり良い意味で触っている、しかも成仏した魂が、です。それでも直接触れられたら「頭痛」として感じることもあるわけです。

そういえば……私のところに来る質問で「神社に行くと頭痛がします」と書かれたものが、過去4年で数通ありました。それはどうしてでしょうか？　と空海さんに質問してみました。答えはこうでした。

神様の高波動を浴びると、自分の波動も高波動になります。この状態と、通常の自分の波動状態には「高低差」があります。そのギャップを感じているから、ということでした。

イメージとしては、フタをしていたびんのフタをパカッと開けた瞬間に、高波動がダバダバダバーッと一気に入る、それを感覚として感じると頭痛に変換される、みたいな感じです。冷たいかき氷を一気に食べると頭がキーンとする、それと似ています。つまり、これも悪いものではないわけです。高波動を「一気に」「いきなり」浴びるからです。

このような頭痛は誰もがなるわけではなく、なったことがある人ならいつもなるのかと言うとそうではなく、環境や状況、体調によるみたいです。秀吉さんのお母様が足を触っても何も感じない人もいれば、神社でいきなり高波動を浴びても頭痛として感じない人のほうが多いのだそうです。

ですから、神社仏閣で頭が痛くなったからといって、合わないとか、神社やお寺には行かないほうがいいとか、そういうことではない、ということです。

お母様も弟さんも本当に秀吉さんのことを心配しているのだなと思いました。秀吉さんが神様になって、早く再会ができればいいな〜、と心からそう思いました。

第 7 章

空海さんに聞いた見えない世界の真実

わかりやすい空海さんの教え

仏様の成り立ちと仏様世界の仕組み

私には、少し前から疑問に思っていることがありました。それは「仏様はいつ誰が作ったのだろう?」です。阿弥陀如来とか薬師如来とか大日如来とかの如来様、観音さんをはじめ弥勒菩薩とか勢至菩薩、地蔵菩薩などのいろんな菩薩様や、お不動さんに代表される各種明王様もそうです。あちこちのお寺をまわっていると、このような名前の仏様がいるのか~、とそれはもうたくさんの仏様がいます。

お釈迦様が生きていた時には存在していなかったようですし、ということは、誰かが作ったという話で……ま、それはそれで理解ができるのですが……。

ここで最大の謎は、誰かが作りあげた、つまり人間が考えて作った仏様なのに、〝実際に存在するのはなぜ?〟です。そこを空海さんに聞いてみました。

すると、元々いた存在である、という答えが返ってきました。

は？　それは一体どういう意味なのか……まだまだひと言ではすべてがわからない私に、空海さんはまず日本の神様を例に挙げて教えてくれました。

日本には元々山岳地帯や平野部に人間よりもっと前から神様がいました。力がある存在がいることを知った人間が信仰を始めます。最初はただ単に「神様」と、その神様に名前はなく信仰だけがありましたが、そのうちスサノオノミコトとか古代神話の誰それというふうにご祭神の名前が決められていきます。もうひとつのパターンは、古代のこの人物をここに祀ろう、という目的で建てた神社です。

架空の人物をご祭神と決めて建てた神社でも、しっかり神様が入っています。その社殿にいるのは人類より先に存在していた山岳系の神様だったり、その土地に古代からいる神様だったりするわけです。

人間が作った「神社の神様」という特殊な宗教世界ですが、ちゃんと神社に神様はいらっしゃって人々を助けたり守ったりしてくれています。人間の面倒を見るために、人間が作った宗教世界に合わせて入ってくれているのです。それと同じ、だそうです。

霊界に詳しい存在、あの世を管理する存在が、元々古代から多くいるのだそうです。仏教ができて……ある仏様を作りました、となった時に、「その仏の特性と似た性質、持っている力が同じような存在が、その仏そのものとして存在することにした」と、空海さんは言っていました。

見えない世界の悪霊や邪悪なものと、人知れず戦っていた存在も元々いました。天部という仏様（多聞《たもん》天とか帝釈天とか、天がつく仏様です）ができた時に、「では、ワシが多聞天になろう」と、その仏になってあげると言いますか、自分がなることで架空を実在にしたわけです。ちなみに天部の仏様は、インド神話にルーツがあるそうですが、インドの神様と同一ではありません。仏教の仏様は仏教の仏様として存在されています。

薬師如来は病を治す、と誰かが決め、純真な人々がそれを信じる……曇りのない信仰心で、せっせと通ってお願いをする……そうなると高級霊は慈悲深いので、「では、そちらの力をもっと強く持って人々を多く救うことにしよう」と、人間が決めた方向へ特性を強めることもあるそうです。人間の都合に合わせてあげると言うか、お願いされる方向でより多く助けてあげると言うか、そのような存在になるのだそうです。

本来は名前も何もなくて、あちらの世界にいてお仕事をしていましたが、みずから薬師如来になったり観音様になったりして、人間にわかりやすい、イメージされやすい仏として存在することを決めた、のだそうです。

なるほど〜、と聞いていてさらにわかったことがあります。『ひっそりとスピリチュアルしています』に書いていますが、伏見稲荷大社のお稲荷さんがお不動さんについてちょっとだけ教えてくれたことがあるのです。

「不動明王の中身は修行により格が上がっていく。すると今度は下から昇格してきたものが不動明王の中身となる。その結果、不動明王自体はそのままだけれど、中身は実は替わっている」というものです。聞いた時は、その仕組みはなんとなくわかる、とは思うものの、しっかりとは理解できていませんでした。

空海さんの話を聞いて、仏様の世界にも元からいる高級霊が少なくないと知りました。神様の世界にも高級霊は多いですし、眷属として修行中の神様もたくさんいますから、そのような感じなのだと思います。

不動明王として働き、人々を助け、徳が高くなってくるとレベルも上がってくる、そうなると不動明王の仕事ではなく、もっと上の仕事をするのかもしれません。不動明王としての存在をやめて次の仕事に移る時に、今度は下から修行して不動明王までレベルアップしてきた存在と交代する……人間にはわかりませんから、同じお不動さんです。知らないうちに実際の中身は替わっていますが、力は同じだし特性も変わらないのでお不動さんはお不動さんです。なるほど、そういうことだったのか、とやっと理解ができたのでした。

仏様との繋がりを知る大切さ

「空海さんの仏像は全国にたくさん……それこそ数え切れないほどあると思います。何万体もあるのではないでしょうか。そこでちょっと確認させて下さい。同時に複数の場所から空海さん像を拝んでも、空海さんは空海さん像の数だけあちこちに存在するわけではなく、お一人ですよね？」

「一人だ」

「じゃあ、仏様……たとえば薬師如来様も一人ですよね？」

「そうだ」

というこことで質問しつつ話を進めていくと、やはり仏様は仏像に道と言うか、パイプと言うか、ケーブルをつけていて、それで仏像と通じています。そして私たち人間は、その仏像を通して仏様にご縁をいただきます（僧侶はまた別の話になります）。

Aさん↕仏像↕薬師如来　Bさん↕仏像↕薬師如来　Cさん↕仏像↕薬師如来
このラインは間に仏像を挟んでいますが、仏像を通して薬師如来様にご縁をいただいている1本の道となっています。この道は、他の人が同じ薬師如来様から縁をもらっていてもまったく関係なく、Aさん Bさん Cさん、それぞれが独立しています。100本あれば100本ともが、自分と仏様だけの道であり、それはオンリーワンなのです。

Cさんという人がどんなに薬師如来様に目をかけられていても、AさんBさんの道が狭くなったり薄くなったりすることはありません。自分と仏様だけの世界ですから、他人に影響されることはないのです。

そしてその道は人間が信仰を捨てない限り、常に開いています。仏様に手を合わせた時は確実に通じているのです。

そのような仕組みですから、Aさんが手を合わせてお話をしている最中に、Bさんが合掌してお話を始めても、お互いに影響を及ぼすことはありません。両方独立した道だからです。Aさんは Aさんでしっかり繋がっていて、Bさんのほうも Aさんが繋がっていたところに割り込んでも問題なく、しっかり繋がることができます。こっちはこっちで有効、あっちはあっちで有効、というわけです。

これを3次元の世界で考えると、あちらとこちら……たとえば東京と大阪に同時に存在することはできません。しかし、仏様の世界は3次元ではないので〝同時〟という観念がないのです。空間と時間は人間の知っている3次元ではありません。

薬師如来様を主として考えると、え？　同時に100本も？　そんなことが可能？　と思ってしまいますが、「仏の身になって考える必要はない」とのことでした。自分を主として考え、仏様とは常に繋がることができる、とそこだけを知っていれば良い、のだそうです。

全国にはいろんな仏様の仏像がたくさんあります。正直に言えば、仏様に道が通じていない仏像も少なくありません。道が通じていても、その仏像を通して伝わってくる仏様の性質は様々です（詳しくは『「神様アンテナ」を磨く方法』に書いています）。

ですから、お不動さんにご縁をいただきたい、と思ったら、不動明王像があるお寺をまわってみるといいです。「あ、このお不動さんだ！」と思う仏像に必ず出会います。そしたら、その仏像を一生懸命信仰すればいいのです。仏様にありがたいご縁をいただいて、常に繋がっている喜びを実感すればいいのです。

そこに他人は関係ないので、「自分と仏だけの世界を大事にすれば良い」とのことでした。

ちなみに神様は存在する世界が違いますので、神社に行って、神様と直接道をつけてもらいます（ご縁をいただきます）。

阿闍梨としての空海さん

私が知っている〝仏様〟の空海さんは豪放磊落《ごうほうらいらく》なお方でユーモアもあり、とても魅力的な仏様です。しかし、いろんな書籍を読むと、地上にいた時は厳しい人だったように書かれていたりもします。そこで、

「空海さんって、生きていらした時は厳しいお方だったのですか？」と単刀直入に聞いてみました。


空海さんにはお弟子さんがたくさんいて、しかも唐帰りの高僧です。真言密教を確立させ、天皇の信任も厚く……そのような立場の人でしたから、おどけてばかりでは示しがつかなかったようです。

「ワシはな、こんな顔をしていた」と、眉間に深いシワを寄せて見せてくれました。何か特別難しいことを考えているような、厳しい、いかにもという表情です。うわぁ、性格きつそー、話しかけたら怒られそー、という顔です。近寄りたくないかも？　とまで思いま

した。

「本当にそんな顔で毎日生きていらしたんですか？」という言葉が口から出そうになりましたが、なんだか失礼な質問なのでやめました。

たしかに多くの弟子を抱え、難解な仏教を広めるのに冗談ばかり言っておちゃらけていては、統制は取れないだろうと思います。仏教の地位というか、格にも影響しそうですし、本来の性格をそのまま出せば、空海さんの偉大さがわからない人は馴れ馴れしくしたり、下に見る人も出てくるかもしれません。そういう意味では厳しく〝していなければいけない〟立場だったみたいです。

頂点に立ってみんなを引っ張っていく者のつらいところでしょうか。人に言えない苦労もあったに違いない、と思いました。

本来は冗談好きの、関西のオッチャンのような空海さんです。お弟子さんが何か言った時に、「ああ！　ここでボケをかましたい！」とか、「こいつ面白いな〜、ツッコミ入れたいわ〜」と思ったこともあるのでは？　と思います。高僧というのは……窮屈な立場なのかもしれません。

「こんな顔のワシだったら、お前も好きにはなっていなかっただろう」と、険しい顔を崩さずに空海さんは続けます。

たしかにその顔だったら、「空海さん」と気軽には呼べません。お大師様！という感じです。話しかけるのさえためらいます。「空海さ〜ん、お願いします、来て下さい」なんて、とてもとても言えるような雰囲気ではないのです。

私は簡単な略歴しか知らないまま空海さんという仏様と接することができました。厳しいお方、という先入観がないので、冗談を言ったりガハガハ笑う空海さんの一面から入ることができてラッキーだったと思います。

いろいろ見えてくると、空海さんがどれほど偉大な仏様であるかを知るわけですが、それでも最初の時と変わらない気さくなままの空海さんが私は大好きです。

「仏に親しみを持つ、ここからで良い」と空海さんは言います。敬意を払え、仏教を敬え、とそこから入るのは違うと言っていました。

親しみやすいこのオッチャンについて行きましょう、でも構わないのだそうです。

「仏教という難しいゴチャゴチャしたものは苦手、宗教は嫌、だけど空海さんは好き！仏様も好き！」それで十分だと言っていました。

宗教を超えたありがたいお経

般若心経の効力

「般若心経は素人が唱えると良くないものが寄ってくると聞きました。本当でしょうか？」

「般若心経の最後の部分に呪いがかかっていて、病などは悪化する恐れがあるというのは本当ですか？」

このような質問を何通かいただいたことがあります。質問を送ってこられた方は、「ネットで調べたら」とか「霊能者に言われました」「占いの先生に言われました」と、人によって情報源が違っていましたが、言っていることは一緒でした。

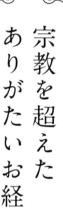

中には「知らなくて般若心経を唱えてしまいました！　どうしたらいいのでしょうか！」と、とても怖がっている人もいました。

般若心経はそのような悪いものではありませんよ、ということは、私なんぞが書かなくても多くの専門家の方々が書いています。ですのでここは、私の「個人的な」意見をちょっと述べたいと思います。

般若心経はありがたい、良いお経です。お寺にいる如来様とか菩薩様などの仏様だけでなく、神社でも唱えて良い唯一のお経です。それはつまり、宗派を超えたありがたいお経どころか、宗教を超えたありがたいお経、というわけです。

仏様の前で唱えれば仏様と繋がりやすくなりますし、仏壇のご先祖様に唱えてあげればご先祖様に大変喜ばれます。波動の高いお経ですから、毎日のように唱えていれば自分自身にも良い影響が現れます。

この質問をもらった時に、良くないものが寄ってくるという「良くないもの」ってなんだろう？　と思いました。ごく普通に考えて、良くないものとは成仏していない幽霊の類い、魔物や悪霊などを表していると思われます。しかし……それらがどうして般若心経に寄ってくるのか、私には理解ができないです。

というのは、それらのものはお経の良さ、尊さ、ありがたみがわかりません。魔物や悪霊などはお経が大嫌いですので、お経で救われようと寄ってくる可能性はゼロですし、大体、魔物・悪霊にはそもそも〝救われたい〟などという考えがないです。

では幽霊はどうなのかというと、しっかりと知っておかなければいけないのは、幽霊と成仏している霊はまったく別ものである、ということです。「霊」だからと、混同して考えている方がいらっしゃるかもしれませんが、全然違います。

成仏したご先祖様などは、お経を唱えてあげると供養になります。般若心経を唱えてあげると大変喜びます。これは〝成仏している霊だから〟なのです。

幽霊の場合、成仏していないので本人の波動がとても低いです。波動が低い幽霊には、波動の高いお経は苦痛です。般若心経は唱えることによってその場の波動、唱える本人の波動が高まります。お経を唱えられて場の波動が高くなると、居心地が悪くて逃げるのが普通です。それを、わざわざ苦しみに寄ってくることは……考えられません。

平安時代の初期に疫病が大流行し、嵯峨天皇が空海さんの助言によって、般若心経の写経をすると、疫病はたちまち治まったそうです。その後、歴代天皇も嵯峨天皇の写経にならって、大きな天災のたびに自ら般若心経の写経をし、国の平静を祈願した、という話が伝わっています。

空海さんが〝天皇に〟勧めたお経です。呪いがかかるようなお経のはずがないです。家康さんも、毎日写経をしていたということですが、やはり悪い影響はないように思います。もしも呪いがかかるお経、もしくは良くないものが寄ってくるお経だったら、お遍路さんをする人はみんな、不幸になったり体調が悪くなるのではないでしょうか。お遍路さんは八十八ヶ所のお寺で必ず般若心経を唱えるからです。長年にわたってあちこちのお寺で毎日何百回、何千回と唱えられる般若心経のせいで、四国は大変なことになっているはずですが、そんなことはありません。

素人が唱えて悪いものが寄ってくるお経なら、ありがたいお経ではなく、危険なお経です。そのような危険なお経を、１０００年以上もの間、人々が唱え続けるはずがないと思います。

空海さんの御廟の前では、多くの一般人が般若心経を唱えています。一人で来られている方もいますし、夫婦で来られている方、グループ、団体さんなどもいます。皆さん、御廟の前で般若心経を大きな声で唱えています。暗唱しているところをみると、自宅でも唱えていると思われます。

ですが、どの人も良くないものに憑かれているようには見えませんし、悪いものの影響があるようには見えないです。ほとんどが年配の方ですが、どなたも生き生きとされていて、若いなー、元気だなぁ、と御廟に行った時はいつもそう思います。

般若心経の効果は、いろんなところで語られていますが、私が思うのは、悪いものから身を守る、神仏と繋がりやすくなる、心を落ちつける、などです。病気が治るかどうかはわかりませんが、病気にかかりにくくなるだろうとは思います。

このように般若心経は大変ありがたい、良いお経なのです。ただ、自分と相性が合う・合わない、というのはあるかもしれません。

空海さんや仏様がパワーアップしている般若心経

ここまでが私の知っていたことで、ブログにも書きました。

般若心経を仏様自身はどう思われているのだろう？　と、ふとそこを知りたいと思い、「般若心経について教えて下さい」と空海さんに聞くと、ひと言で返ってきた答えは、「癒しの経である」でした（私が書くものは仏教本ではないと空海さんは知っていますから、仏教を離れた、わかりやすい説明をしてくれています）。

「亡くなった人も癒すが、生きている人間も癒す」のだそうです。

亡くなった人を癒すことはわかりますが、生きている人間も？　どうやって？　と不思議です。ちょうどその時、奥之院の御廟前で熱心に般若心経を唱えている男性がいました。「見てみなさい」と空海さんは言います。言われた通り、じーっと見ていると、「癒しているだろう？」と、空海さんが問いかけてきます。

たしかにその人は般若心経を唱えることによって、自分を癒していました。唱えることで仏様と近くなれる至福感、仏様にお経を奉納しているという喜び、誇り、が見えます。他の人は合掌だけして去るわけですから、恥ずかしがらずにお経を朗々と唱えることは自分の信仰心の確認でもあります。

さらに、読経によって自分自身が高まっている（小さな修行みたいなものです）、自分の波動が上がっている、ということを、魂はちゃんとわかっているので、魂レベルでの満足感や喜びがあります。

それに加えて般若心経にはお経そのものに力があるので、その作用で心が穏やかに深く安らぎ、霊的に魂が癒されています。見ていて、やっぱりすごいお経だなと思いました。

この般若心経は他の国でも唱えられています（と、前から知っているような口ぶりですが、実はこの時初めて知りました）。けれど、日本のものは他国のそれと一緒ではなく、独特だそうです。

般若心経が持つパワー、効力、作用が違うらしいのです。

亡くなった人の供養になる、悪いものを祓う、波動を上げる、唱える人も唱えられる人も癒すなど、それは空海さんをはじめ、日本の仏様が向こうの世界からこのお経に強力なエネルギーを注いでいるから、と言っていました。波動の高い仏様方がエネルギーを注いでサポートしているお経ですから、波動が高いのも当然というわけです。

人々の意識も後押ししているとのことです。昔から大勢の人が、何代にもわたってお経はありがたいもの、と疑うことなく信じてきました。空は青い、山は高い、神仏は尊い、それと同じ感覚でお経はありがたい、と意識していなくてもそう思ってきました。そういった多くの人々の意識の力もわずかながら加わっているのだそうです。

空海さんは亡くなる直前に、般若心経をパワーアップさせるために、この世でできる準備をしたと言っていました。あちらの世界に帰り、仏様になって仏の力を使えるようになってから、その作業を完成させたそうです。

もちろん、他の仏様もこのお経に力を与えていますから、般若心経は強いパワーを持ったお経となっているのです。

一般人でも唱えることができるお経、身近なお経、短いお経ということで、仏様方はことさら大事にされています。

これがもしも、お坊さんしか唱えられないお経だったとしたら、救われるためには必ずお坊さんを頼らなければなりません。金銭的に余裕がないとか、懇意にしているお寺がないとか、宗教組織は好きではないとか、そのような人は救われません、ということになります。それは仏様方の望むところではないのです。

仏様は、仏教徒でなくても、信仰心を持っている人をみんな平等に救い、守ってあげたいわけです。セルフでもなんとか仏様に近づけるお経、自分や先祖を癒したり、悪いものから身を守るなど、とりあえず自分でも一歩進めるツールとして般若心経をパワーアップしています。

人間の考えと見えない世界は違う

「そんなに深いものだとは知りませんでした。ご先祖様が喜んで、自分にもまぁ良い影響があるかな〜くらいのものだと思っていました」と私が言うと、

「人間が頭で考えることと仏の世界、見えない世界は違っている場合が多い」と空海さん

は教えてくれました。空海さんですら、人間の時に考えていたことと、見えない世界の真理が違っていたものがあったそうです。

「ワシにも考えていたことと違うことがあった」と正直に言っていました。

般若心経はそのような仕組みですから、内容を理解することはあまり重要ではないように思います。空海さんをはじめ仏様方の、人間を慈しむ愛情パワーが詰まったお経なので、その愛を感じながら読経するだけで恩恵がもらえます。

意味も勉強しておきたいと思われる方は、解釈の本がたくさん出ていますから、ご自分に合いそうなものを選ばれるといいです。難解なものから、わかりやすく噛み砕いてあるものまで、種類が豊富にあります。

知っていれば役に立つ見えない世界の仕組み

厄介な生霊について

まず、祖母のお話です。これはそばで見ていた叔母から聞いた話です。

祖母が体調を崩して病院に行き、薬を飲んでも一向に効かないことがあったそうです。良くなるどころかどんどん悪化していったそうで、その原因は近所に住む女性の生霊だった、ということでした（祖母と同じくらいの年齢の女性です）。

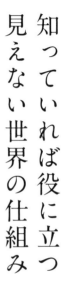

生霊は祖母の口を借りて（祖母は霊能者でした）、「羨ましくて仕方がない」「憎くてたまらない」と言ったそうです。そのような念を強く持っていたため、そこから生霊が発生したのでした。祖父が処理をして生霊を返すと、祖母の体は薬が効くようになり、元気になったということです。

その女性本人は生霊を飛ばしたことにまったく気づいていないので、会えば普通に挨拶をし、世間話なんかもし、祖母の具合が悪かった時は叔母に「お母さん、大丈夫？」と心配そうに声をかけていたそうです。生霊を返してからは、今度はその女性が体調を崩していたということでした。

ブログにも生霊の例をひとつ書きました。こちらは別の叔母ですが、当時交際していた男性の話です。その男性はある時から、腹痛に悩まされ始めました。最初は、腹が痛いなー、程度だったらしいのですが、徐々にひどくなっていきました。不思議なことに、日中はなんともないのに夜になると症状が出るのです。最終的には激痛で眠れないほどの重症になりました。痛みを我慢している時に、必死でつかんだシーツを破いてしまった、というエピソードがあるくらいの激しい痛みです。

男性はお金持ちの実業家でしたので、ツテを頼って、あちこちの有名病院で精密検査を受けました。しかし、どこにも悪いところはない、健康である、という結果ばかりでした。「こんなに痛いのになんともないわけがないじゃないか！」と抗議をしたところ、お医者さんから返ってきた言葉は、「体に悪いところはありません。一度、精神科へ行かれたらどうですか」だったそうです。

男性は無神論者でした。霊の存在もまったく信じていませんでした。叔母が、霊に憑依《ひょうい》されているかもしれないから、一度うちに来て、という提案も一蹴していました。しかし、これだけ検査をして体に異常がないのに、この痛みは変だ……と論理的に考え、初めて叔母の意見を取り入れて、祖父母のもとにやってきたのでした。

来たのは夜だったのですが、タクシーを家の前で降りてから玄関に入るまでに、かなりの時間がかかりました。痛みで歩けないのです。私の父と祖父に肩を貸してもらってようやくちょっとずつ歩ける、という状態でした。

この生霊は男性に横恋慕していた女性でした。男性がちょっと遊んだつもりの女性だったそうで、その女性が男性に彼女がいることを知り、どうして私を選んでくれないの！と恨んだようです。その「悔しぃー！」という強い念が、あのような激痛を起こさせていたのでした。

源氏物語にも生霊の話があります。何もないところから生霊の話を創作したとは思えず、昔から悩まされていた人がいたのだろうと思います。

いただくメッセージでも時々、どうしたらいいのでしょうか？　という悩みを書かれている方がいます。軽い念が飛んで来たような場合だったら、はね返すグッズなどで返せることがあります。

それでは無理、という場合は塩風呂が効きます。神社仏閣で売られている清め塩を使うとさらに効果がアップします。入浴中に一度でいいので、頭のてっぺんから足の先まで全身をお湯の中に浸します。

神社仏閣でお祓いされた清め塩の場合は、ひとつまみ舐めて体の中からはね返してもいいです。神棚があるお宅は神棚にお塩をあげてお願いしてから同じように使うと同じ効果があります。

しかし、生霊にも強さのレベルがあって、軽い念だと体に症状が出るところまではいきません。なんだか肩が重たいな〜、頭が重たいな〜と感じる程度です。これくらいだったら、今言った方法で返すことができますし、神社仏閣で「重たい念を」サッと祓ってもらうことも可能です。まだ、念の段階だからです。

しかし強烈に強い、変な言い方ですが、完全な生霊もいるわけです。前述した祖母や腹痛を起こした男性のような、塩程度では離れない生霊はどうすればいいのか、そこを空海さんに質問してみました。

空海さんが教えてくれた生霊対処法

一番効果があるのはお不動さんにお願いすることだそうです。そのようなものは、祓うのではなく、〝剥《は》がす〟とのことで、イメージとしては粘着力の強烈な、なかなか剥がせないシールがべったり貼られているような感じです。払いのける程度ではシールは剥がせません。

このシールみたいな生霊を体から剥がすことにおいて、お不動さんの右に出る者はいないと言っていました。お不動さんは、悪霊・幽霊の類も剥がしてくれますが、それだけでなく生霊もしっかり取ってくれるのです。

生霊は、悔しい、憎い、妬ましい、羨ましい、などの念から発生します。それらを強く、歪んだ形で持つと相手のところに飛んで行ってしまうのです。

「私もそんな感情を持ったことがあります！　生霊を飛ばしていたのでしょうか？」と、不安になった方、大丈夫です。このような念を持ったからといって、誰もが生霊を飛ばすわけではありません。大部分の人は心配いらないです。と言うか、飛ばしたくても飛ばせないと思います。しかし、中には……その人の霊質によって、生霊を発生させてしまう人がいるわけです。

「生霊は、説得しても威嚇しても聞かないんですよね？」と、以前三峯神社で聞いたことを言ってみました。

ちなみに幽霊は説得を聞きます。怨霊も説得次第では改心します。諭していると反省したり、考えを変えたりして、成仏することを選ぶのです。

空海さんが言うには、「生霊は波動が低いものたちとは種類が違う」とのことです。波動の低いもの（幽霊や悪霊）であればお経を唱えると逃げますし、憑かれた本人の波動を上げると苦しがって逃げていきます。でも生霊は説得も聞きませんし、お経も効きません。「念」から発生したものだからです。

そのような手段では祓えないからこそ、お不動さんが有無を言わせず剣で切り取ったり、火で焼いたりするのだそうです。

どんなお不動さんでも効くのか質問したところ、道が通っているお不動さん（仏像）だったら、どのお不動さんでも大丈夫、ということでした。四天王（多聞天・広目天・増長天・持国天）でも剥がせると言っていました。

さらに空海さんは教えてくれます。

生霊の難しい部分は、たとえスパッと取り払っても、相手がまた「悔しい！」「憎い！」「羨ましくてムカつく！」と強い感情を持つと飛んでくることだそうです。

「では、しょっちゅうお不動さんに剥がしてもらいに行かなければいけない、ということですか？」

「そういうことだ」

「何か……持ち物や食べ物で撃退とかできませんか？　ニンニクを食べたらドラキュラが逃げる、みたいな……？」と聞いてみましたが、そのようなものはないそうです。

それって、じゃあ、テレビに出ているタレントとか、全国的に有名な人はそのような念をたくさん浴びているのでは？　と思った方もおられると思います。

生霊は面識のある人にしか発生しません。妬ましいとか、憎いなどの「念」は届くことがあるかもしれませんが、念ですから相手にすればなんだか重たいと感じる程度のものです。

「生霊」はテレビの向こうの人にまで行くことはありません。面識がない、どこに住んでいるのかも知らない、実在の人物として自分が関わっていない、そういう相手に取り憑いたという話を私は聞いたことがないです。私が知らないだけで、もしかしたらそのようなケースがまれにあるのかもしれませんが……一般的には顔見知りや知った人でなければ起こらない現象です。

昔の戦国大名や武将が四天王や不動明王の念持仏を持っていたのは、戦勝祈願もあるのでしょうが、生霊の怖さも知っていたからかもしれないな、と思いました。自分の念持仏だと、わざわざお寺まで出かけなくても、毎日祓ってもらうことができるからです。

遠い昔から生霊に悩まされてきた人は意外と多いのかもしれません。

※個人で道が通った仏像（念持仏）を持つには、力のある僧侶に開眼してもらう必要があります。さらに道を通じさせてしまったら、毎日勤行をしなければなりません。勤行の仕方によっては怒りの性質を持った仏像になる可能性がありますので、一般の方が念持仏を持つことはおすすめできません。

瞑想は光り輝くアイデアをもらう方法

お寺に行って座禅体験をすると、心身ともにスッキリして清々しい爽やかな気分になります。瞑想中は自分を内側から見つめ直すこともできますし、静かな時間が流れるので穏やかな思考ができます。私は比叡山の釈迦堂で体験修行として本格的な座禅の経験がありますが、そこでは最澄さんとお釈迦様がとてもよく見えて、よく聞こえました。仏様と繋がりやすくなる要素もあります。

そんな瞑想ですが、たまにやるからそのような効果があるのかな、と思っていました。毎日続けてやったらどうなるのだろう？　という興味は以前からありましたが、残念なことに私に毎日続ける根性がなく……この興味はそのまま封印されていました。

高野山で空海さんと一緒に嶽弁天への登山を2回して、贅沢なほどに空海さんを独り占めさせてもらい、そこでたくさんの時間があったので聞いてみました。

「瞑想ってなんでしょうか？」と、これは阿字観などの仏教のものではなく、一般人がする瞑想について質問をすると、空海さんは、

「精神統一である」と教えてくれました。私が、精神統一ですよね？　と言おうとした瞬間に答えが返ってきました。

そうか、やっぱりそのあたりの修行なのだな、と考えていると、それに加えてあちらの世界にあるものをゲットできる、というようなことを空海さんはつけ加えます。見えない世界に繋がってインスピレーションをもらえる、と言うのです。

深く瞑想することができれば……（別の言葉に言い換えると、瞑想の名人になればということですが）、ダイヤモンドのような〝ひらめき〟を手に入れられるのだそうです。

見えない世界には各分野に秀でた高級霊がたくさんいます。その分野を発展させるために担当となっている高級霊がいて、お仕事をされています。その高級霊に繋がってアドバイスをもらえると言うのです。それは会話をするとか、そのようなものではなく、一方的に受け取るのだそうです。

大文豪、偉大な画家や音楽家、シェフ、ファッションデザイナー、ビジネスに詳しい人たち、そのような地上で大成功した人々が、アイデアを持ったままあちらの世界に帰っています。超一流とも言えるそのアイデアを人間界の誰かに渡したいと、その方々は様々な努力をされています。それもいただけるというわけです。

見えない世界には光り輝くアイデアがたくさんあるそうです。

そのような宝物を手に入れるには、見えない世界のエキスパートと繋がらなければなりません。繋がる方法は、誰でも平等に持っているチャンスとして、睡眠があります。人間は眠っている時にあちらの世界と繋がっているので、うまくいけば睡眠中にインスピレーションをもらえます。これは誰にでもあるチャンスなのですが、自分から積極的にもらえるよう睡眠をコントロールできないので、運が大きく作用します。

では瞑想はどうなのかと言うと、瞑想も寝ている時と同じ変性意識になるそうです。夢に亡くなった人が出てきてメッセージをくれたり、ひらめきを夢からもらったり、予知夢を見たり、そういうことが睡眠中には起こります。変性意識によって見えない世界と繋がっているからです。

寝ている時の繋がりはコントロールできず、アンテナを四方八方に広げている状態です。そのせいで、良くないところにも繋がります。金縛りに遭うのもそうですし、夜中に目覚めて霊を見たりするのもそのせいです。幽霊に憑依されていると、幽霊の作用で毎晩、同じ悲しい夢や苦しい夢を見ることもあります。

瞑想は覚醒したまま変性意識になりますから、完全に眠っている場合とは違う、と空海さんは言っていました。起きている間は人間の生命力と言うか、うまく表現ができませんが、覚醒している力、ブロックのようなものがあって、悪いものとは繋がりにくいそうです。

この「起きている状態」の強い生命力により、ポジティブな良いものとだけ繋がれる、そこが瞑想の良いところだと言っていました。ただし、「名人になれば」という条件つきです。

「じゃあ、名人になれなかったら、どうなるんでしょうか？」

「だから……精神統一だ……」

「あ！　そっか、最初にそう言われてましたね！」

「…………」

名人になれなくても、瞑想は集中力を養うので良いそうです。

瞑想のプロになることができれば、睡眠という1枚の「応募券」に加え、そのうえに何枚も余分に「応募券」をもらうようなものですから、せっせと頑張って努力をする価値はありそうです。

ペットが最期に思うこと
――あとがきにかえて

高野山へ2回目の取材に行く少し前のことです。ある読者の方からメッセージが届きました。ペットの延命についてのお話でした。ざっと内容を書きますと……。

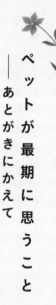

長年一緒に暮らしたペットが老化による多臓器不全で、もう何日も水しか口にしていない、というところからお話が始まっています。延命はしない、天に任せよう、とご家族で話し合って決めたそうですが、このままでいいのだろうか……と、とても悩まれていました。

完治のための治療ではなく、わずかでも体調を維持するために点滴ができますよ……と、動物病院の先生に言われたそうですが、そのペットは夏バテをした時に点滴をした経験があり、ものすごく嫌がったため、余命を宣告された時は点滴を見送ったということでした。

まだ自力で歩けるのにこのまま何も治療をしないのは「飼い主としてできること」を放棄しているのではないか、と悩み……悩んだ末に、「1回だけ我慢してね」とペットに祈るような気持ちで話しかけ、病院で点滴をしたそうです。

病院に連れて行くのはペットにとってストレスだし、残された命を削ることになるかもしれない、そう思うと連れて行くのが怖い、でも病院に連れて行かないことも怖い、と悩みは尽きなかったようです。さらに、ペットに1回だけ我慢してね、とお願いをして点滴をした……これで飼い主としての使命を果たしたのだろうか？　と苦しんでおられました。

ペットはいつかは死ぬ、飼い主が看取ってあげることがペットにとって良いことだと理解しておられますが、つらくてたまらない、涙があふれて止まらない、泣きながら死なないでとペットに願ってしまう、と書かれていました。

泣いたあとはできる限り、楽しかった思い出をペットと話すようにしているそうですが、ペットとの約束を破ってまた点滴に連れて行ってしまうかもしれない、ペットは許してくれるのでしょうか……という内容のメッセージでした。

年末に再びこの方からメッセージが届き、そこにはペットは点滴と強制給餌で約3週間頑張ってくれました、と書かれていました。そして、ペットが与えてくれた癒しと愛情は一生忘れません、識子さんのおっしゃるように神様の元で元気に走りまわっていると信じています、とも書き添えられていました。

去年の夏、私の実家の犬のクーも天に帰りました。

亡くなる1年くらい前だったかと思いますが、クッシング病と診断されていました。その少し前にも目にオデキができたのですが、高齢のため麻酔がかけられないとかで手術ができず、目薬で治療をしていました。

両親はせっせと病院に連れて行っていました。クーは徐々に元気がなくなっていって、亡くなる1ヶ月前に実家に行くと、クーはしんどそうに横になっており、吠えることもしなくなっていました。「しんどいねぇ、クー」と声をかけて撫でてあげると、気持ち良さそうにじっと目をつぶっていました。

亡くなる半月くらい前になると、ああ、そろそろ天に帰るんだな、とわかりました。あちらの世界に帰るその時をひたすらじっと待っている、それが伝わってきたのです。

クー命の父は自分の希望も交えて「今年いっぱいは頑張れるだろうが、来年はダメかもしれない」と心配し、母のほうはもう少し現実が見えるため、「夏を越せるだろうか……」と不安を口にしていました。夏を越すどころか、もうすぐだよ、とは私もさすがに言えず、感じたことは黙っておきました。

クーは薬を飲んで、家ではほとんど寝転がって過ごし、父に抱っこされて散歩に行き、定期的に病院に行き、なんとか頑張っていました。なんだか様子がおかしい、と両親が気づいて夜間の救急に駆け込んだその日にそのまま入院となりました。

動物病院の先生は「2週間くらい入院させて、自力で少しでも食べられるようにしてから、おうちに返します、そこから先はもう寿命ですので(病気に加えて高齢のため)、自宅でケアしてあげて下さい」と言ったそうです。

2週間の入院になった、と連絡をもらった時、クーは病院で死ぬなぁ、と思いました。それも入院代がかからないように早めに逝くだろう、と予想をしていたら、入院して3日目に亡くなりました。

小型犬でビビりな性格の犬でしたから、他の犬がワンワン吠える病院で怖い思いをしつつ死んだのではないか……入院させなければ家で穏やかに逝けたのではないか、と両親はいつまでも悔やみ、自分たちに落ち度があったのでは？　と落ち込んでいました。

本当に超高齢だったので、クーは寿命だった、3日で死んだのはクーの思いやりだった、と言っても、父は「入院する数日前からウンチが出にくかった、あの時に気づいていれば……」といつまでも自分を責めていました。

ペットの最期に関しては、飼い主はいろいろと悩むことと思います。今している治療は適切なのか、もっとしてあげるべきなのか、でも治療をすることがストレスになっているかもしれない、ペット自身は自然のままに逝かせてほしいと思っているのではないか、しかし苦しみが少しでもやわらぐのなら治療をもっとしてあげたい……と、思いは乱れるでしょう。

点滴などの治療をしなかったら、ペットが「飼い主は点滴をしてくれなかった」と悲しむのではないか、とペットの心情を思いやって悩むこともあるかと思います。愛してやまないペットですから、その胸中はいかばかりかとお察しします。

そこで、ふと、実際にペットのほうはどのように考えているのだろう？　と思いました。ペットが「死」をどのように考えていて、どのように受け止めているのかがわかれば、飼い主も苦しまなくて済むかもしれないと思ったのです。それで空海さんに聞いてみました。死ぬ時のペットの気持ちとはどのようなものなのでしょうか？　と。


読者さんのメッセージの話、私の実家の話、それ以外でもブログに来ていたペットの「死」についての悩みなど、思いつくままに長々とお話をしたのですが、空海さんは黙ってすべて聞いてくれました。

そして、穏やかな雰囲気で最初に教えてくれたのは、「ペットは自然」ということでした（自然界の一部と言うか、花や木々や大地や海と同じく自然のもの、というニュアンスです）。

花は咲いて、そして枯れていく……ペットも一緒である、生まれて、そして死んでいく……それは自然界では当たり前のことなのだ、と空海さんは言います。花がほぼ枯れていて、あと少しで完全に枯れるという時に、なんとかしてこの状態を保ちたい、栄養剤などで少しでも完全に枯れるのを先に延ばしたい、とそのようなことはしないだろう？　それと同じだ、と言っていました。ペットが治療をしなくて自然のままに死ぬのは普通のことであって、そこは野生の動物と変わりはないのだそうです。

そうは言われても気になるので、さらに突っ込んで聞きました。

「ペットに点滴や注射など、してあげなくていいのでしょうか？」

空海さんは根気よく教えてくれます。天命によって死ぬのだからしなくても良いそうです。野生の動物はペットと同じ病気にかかっても、点滴も注射もしないで死んでいく、治療をしないことが普通であり、それが自然界の道理である、とのことでした。

「でも、そうすると、ペットは自分に点滴をしてくれなかった、と悲しんだりしませんか？」

「何を悲しく思うことがあるのか？」と、空海さんが聞き返します。

え、いや、なんと言いますか、拗ねる心境？　見捨てられたと悲観する気持ち？　そのような感情でしょうか、とお答えしたところ、

「ペットは天命であることを知っている」と言います。

死ぬことは天の計らいなので、治療をしなくてもなんとも思わないし、恨んだり悲しんだりすることもないそうです。さらに、点滴をしなかったとしても見捨てたことにはならないし、愛情が足りないことにもならない、と空海さんはハッキリ言っていました。なぜなら、治療をしなくてそのまま死ぬことが当たり前だから、だそうです。

ただ、飼い主がつらいから、苦しそうにしているのを見ていられないから病院に連れていく、治療を施す、というのは、それはそれでいいそうです。ペットを愛するがゆえの行動なので、ペットのほうも期待に応えるべくもうちょっと頑張ろうと思うらしいです。

「ペットは最期の時に、飼い主との楽しかった日々を思い出しているので

しょうか?」

空海さんが言うには、ペットは神仏の使いとして地上にいる、のだそうです。それは知っていましたが、仏様がじきじきにキッパリとそう言うので、改めて「そうなのか〜」と思いました。

人間に楽しいひとときを与える、愛情を与える、くじけそうな心を支えたりもする、それによって寂しさやつらさを消し、人間の心の闇を消す……つまり人間を魂から癒す、そのような役割を担《にな》って生まれてくるそうです。

そして、〝そのペット〟(私の実家だったらクーで、読者の方なら亡くなったそのペット)が持つそれらのもの……愛情だの癒しだのを必要とする飼い主と巡り会って、飼い主の人生が楽しく、明るく、愛情に満ちたものとして過ごせるようお手伝いをするらしいです。

ですからペットは死ぬ時に、飼い主との日々を思い出しているそうです。

どう思い出しているかと言うと、飼い主は自分のことを目一杯可愛がってくれたな～、たくさん愛してくれたな～、と考え、「ああ、良かった、自分はちゃんと役目が果たせたんだなぁ」と満足するのだそうです。

神様に与えられた役目をまっとうできて良かった、と思い、この飼い主のために生まれてきて良かった～、とも思うそうです。

そのようにして満足して死んでいく、神仏のお使い……それがペットなのです。

病気で苦しいとか、死ぬまでがちょっとしんどいことは最初から……生まれる時から覚悟していたことで、もう少し待てば肉体を脱げるということもペットは知っています。ですから「死ぬこと」はつらいことではない、と空海さんは言います。

役目を果たせたという喜びの中で死んでいくから、病院にもう1回連れていけば良かったのか、点滴をしてあげれば良かったのか、と小さなことは考えなくて良い、とも言っていました。

ペットがもうすぐ天に帰るとわかったら、してあげるべきことは、「十分、役割を果たしたよ、ありがとう」「あなたのおかげでとっても楽しかった」「立派な神仏のお使いだったよ」と言ってあげることだそうです。

ペットは言わば、神仏の仕事をしに地上に来たようなものです。神仏がいくらその人に愛情を与えても、そのことに気づけない人にはどうしてもわかりません。神仏が心の闇を消して癒してあげたくても、楽しいひとときを与えたくても、見えなかったり聞こえなければ届きません。

しかしペットだとそれができるのです。神仏の使いとして地上に仕事をしに来ているとは、そういうことです。ですから、「あなたは立派なお仕事をしました」とねぎらわれることが、ペットの至上の喜びなのだそうです。

最期の時は、心配や悲しみといったネガティブな感情で接するのではなく、死ぬ時だからこそ、ありがとう、楽しかった〜、また来てね、などのポジティブな感情を与えるべきだそうです。そして、ペットが自分の一生を賭けて頑張った、その仕事ぶりを褒めてあげるべき、とも言っていました。

空海さんは飼い主に悔いが残らないようアドバイスを一つくれました。

褒めてあげることが、献身的に自分をサポートしてくれたペットに、最後にしてあげられる「恩返し」である、と。

桜井識子｜**さくらい・しきこ**

神仏研究家、文筆家。

霊能者の祖母・審神者の祖父の影響で霊や神仏と深く関わって育つ。1,000 社以上の神社仏閣を参拝して得た、神様仏様世界の真理、神社仏閣参拝の恩恵などを広く伝えている。神仏を感知する方法、ご縁・ご加護のもらい方、人生を好転させるアドバイス等を書籍やブログを通して発信中。

『あなたにいま必要な神様が見つかる本』(PHP 研究所)、『神様が教えてくれた金運のはなし』(幻冬舎)、『和の国の神さま』(ハート出版)、『神様と仏様から聞いた 人生が楽になるコツ』(宝島社)、『死んだらどうなるの？ 選べる行き先は4つ！奇跡の魂ツアーに出発しよう』(KADOKAWA)など著書多数。

桜井識子オフィシャルブログ 〜さくら識日記〜
http://ameblo.jp/holypurewhite/

イラスト／斉藤知子
デザイン／白畠かおり
DTP／Office SASAI

聖地《せいち》・高野山《こうやさん》で教《おし》えてもらった
もっと！ 神仏《しんぶつ》のご縁《えん》をもらうコツ

2017年4月6日　初版発行
2023年7月20日　5版発行

著者／桜井識子《さくらいしきこ》

発行者／山下直久

発行／株式会社KADOKAWA
〒102-8177　東京都千代田区富士見2-13-3
電話　0570-002-301（ナビダイヤル）

印刷所／株式会社広済堂ネクスト

●お問い合わせ
https://www.kadokawa.co.jp/（「お問い合わせ」へお進みください）
※内容によっては、お答えできない場合があります。
※サポートは日本国内のみとさせていただきます。
※Japanese text only

定価はカバーに表示してあります。

ISBN 978-4-04-069135-0　C0076